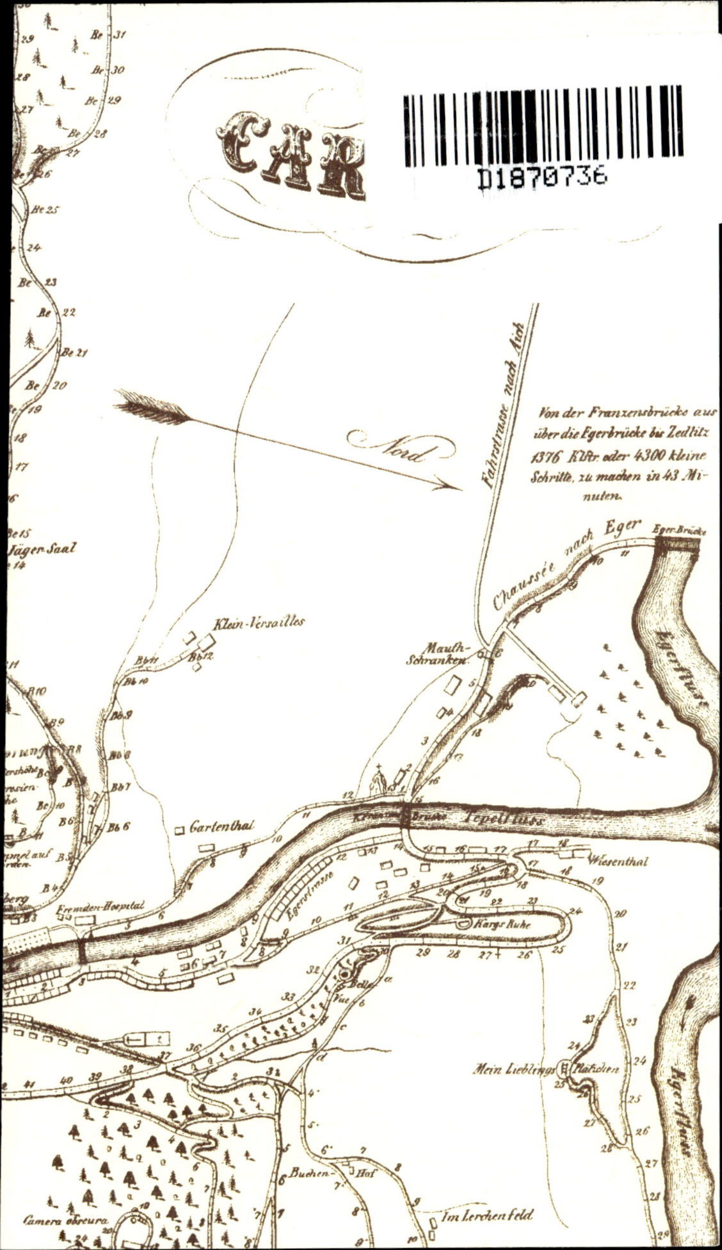
CAR
Nord
Fahrstrasse nach Aich
Von der Franzensbrücke aus über die Egerbrücke bis Zedlitz 1376 Klftr. oder 4300 kleine Schritte, zu machen in 43 Minuten.
Chaussée nach Eger
Eger-Brücke
Egerfluss
Klein-Versailles
Mauth-Schranken
Gartenthal
Tepelfluss
Wiesenthal
Fremden-Hospital
Egerstrasse
Kargs Ruhe
Belle Vue
Mein Lieblings Plätchen
Buchen-Hof
Im Lerchenfeld
Camera obscura
Jäger-Saal

Karlsbad

LeseReise

Karlsbad

Vitalis

Die Deutsche Bibliothek - CIP-Einheitsaufnahme
Ein Titeldatensatz für diese Produktion ist bei
Der Deutschen Bibliothek erhältlich

LeseReise Band 6

Das gesamte Bildmaterial entstammt,
sofern nicht anders vermerkt, dem
verlagseigenen Archiv fotografischer
Abbildungen und historischer Publikationen.

Mit diesem Buch sei an jene Karlsbader erinnert,
die vor, während und nach dem Zweiten Weltkrieg
aus ihrer Heimat vertrieben wurden. Es sei zugleich
den heutigen Bewohnern von Karlovy Vary gewidmet,
denen die Verantwortung für die Pflege und
Erhaltung der einzigartigen Kurstadt auferlegt ist.

Herausgegeben von Harald Salfellner
Druck und Bindung: Finidr
ISBN: 3-934774-63-6
ISBN: 80-7253-057-7

www.vitalis-verlag.com

Inhaltsverzeichnis

Malerische Bilder aus dem Tale der Tepl

Anonymus

Im schmalen Tale der Tepl, die von Süden her der Eger zuströmt, liegt malerisch hingelagert die weltberühmte Kurstadt Karlsbad, einer der ersten und meist besuchten Badeorte der Erde.

Der Ursprung der Stadt und des Badeortes Karlsbad verliert sich in sagenhafter Ferne. Die zuerst im 16. Jahrhundert auftauchende Überlieferung ist diese: Kaiser Karl IV. habe auf der Jagd in den Wäldern von Elbogen einen Hirsch verfolgt, der plötzlich auf rätselhafte Weise verschwand; er hatte sich in einen Abgrund hinabgestürzt. Als der Kaiser ihm folgte, wurde er so der Entdecker des unten hervorspringenden heißen Sprudels. Bald ergab sich die außerordentliche Heilkraft des Wassers und Karl gründete hier die heute noch blühende Stadt. Als die Stelle, wo der von Karl verfolgte Hirsch abstürzte, wird der als „Hirschensprung" bezeichnete Aussichtspunkt dicht an der Stadt betrachtet. Schon die Tatsache, daß eine gleiche oder sehr ähnliche Sage bei vielen anderen Kurorten auftaucht, läßt erkennen, daß wir es mit einer nachträglichen Erfindung zu tun haben. Sicher ist vielmehr, daß schon lange vor Karl IV. die heilkräftige Wirkung der Karlsbader Quellen bekannt war, was sich schon aus der uralten Bezeichnung des Flüßchens Tepl ergibt; denn der slawische Name heißt einfach „warm" und warm wird das Wasser der

Tepl wirklich, weil die heißen Wässer der Heilquellen hineinfließen. Bei alledem hat sich aber der Lützelburger zweifellos große Verdienste erworben um die Hebung des Quellenbetriebes, denn er baute sich in der Nähe eine Burg oder ein Jagdschloß, Karlsbad, das nun den Kern bildete für die allmähliche Entstehung einer bedeutenden Siedlung. Zur Zeit des stets in Geldverlegenheiten befindlichen Kaisers Siegmund wurde Karlsbad samt Elbogen an die Herren von Schlick verpfändet. Erst im Jahre 1547 fiel die Stadt, die zur Zeit der Herrschaft derer von Schlick viel zu leiden gehabt hatte, wieder an die königliche Kammer. Damals war schon seit mehr als zwei Jahrzehnten eine Trinkkur in Karlsbad üblich geworden und bald verbreitete sich die Kunde von der überraschenden Heilkraft der Quellen in immer weiteren Kreisen. Dadurch gelangte Karlsbad in kurzer Zeit zu so bedeutendem Reichtume, daß die Stadt eine ganze Reihe in ihrer Nähe gelegener Güter aufkaufen konnte. Auch die furchtbare Brandkatastrophe, die im Jahre 1604 fast die ganze Stadt zerstörte, konnte ihrer günstigen Entwicklung nicht für längere Zeit Einhalt tun. Bald erstand Karlsbad aus den Trümmern, freilich zunächst nur, um unter den Drangsalen des großen Krieges zu leiden. Aber auch diese schwere Prüfung wurde glücklich überstanden und es lag eine Anerkennung für die wachsende Bedeutung des Gemeinwesens darin, daß Josef I. Karlsbad im Jahre 1707 zur königlichen Freistadt erhob. Endlich konnte im Jahre 1711 auf der sog. „Alten Wiese“, die heute mitten in der Stadt gelegen ist und eine von deren Hauptstraßen bildet, das erste Karlsbader Kurhaus errichtet werden. Von nun an wuchsen das Ansehen und der Besuch der Quellenstadt in immer rascherer Entwicklung. Unendlich beinahe ist die Liste der bedeutenden und berühmten Persönlichkeiten, die im Laufe der letzten zwei und einem halben Jahrhunderte die Kurlisten Karlsbads zu verzeichnen hatten. Dichter und Künstler, Gelehrte und Fürstlichkeiten aller Art suchten und suchen alljährlich hier Heilung oder Linderung verschiedenster Leiden. Nicht leicht findet man eine zweite Stadt, wo so viele Häuser Gedenktafeln an berühmte Besucher tragen. Die internationale Bedeutung der Karlsbader Heilquellen brachte es auch mit sich, daß sich im ersten Drittel des 19. Jahrhunderts ein Stückchen Weltgeschichte, wenn auch gerade kein besonders erfreuliches, hier abgespielt hat. Hier wurden auf Anraten und Betreiben Metternichs im Jahre 1819 die sog. Karlsbader Beschlüsse gefaßt. Vom 6. bis zum 31. August dieses Jahres wurden von den hier versammelten Fürsten und Diplomaten die Maßregeln zur Unterdrückung dessen festgestellt, was man damals als „Demagogie" bezeichnete, namentlich zur Knebelung der Presse und der Universitäten. Noch einmal, im Jahre 1864, spielte sich in Karlsbad eine wichtige politische Zusammenkunft ab, die den König von Preußen und den Zaren zusammenführte, die hier Vereinbarungen zur endgültigen Unterdrückung des polnischen Aufstandes trafen. – –

Die gewaltige Zunahme des Besuches der Karlsbader Heilquellen in den letzten Jahrhunderten wird am besten durch einige Zahlen beleuchtet. Im Jahre 1756, also bei Ausbruch des Siebenjährigen Krieges, besuchten 247 Parteien die Kurstadt; wie viele Personen dies waren, läßt sich freilich nicht genau feststellen. Im Jahre 1811 waren es schon 1334 Parteien, und im Jahre 1869 wurden zum erstenmale mehr als 10000 Parteien gezählt. Seither hat die Zunahme der Frequenz immer rascheres Tempo eingeschlagen, wie folgende kleine Liste zeigt: 1877: 15636 Parteien mit 20726 Personen, 1879: 17980 Parteien mit über 25000 Personen, 1880: 19502 Parteien mit 26400 Personen, in den neunziger Jahren des vorigen Jahrhunderts durchschnittlich über 50000, in den letzten Jahren an die 80000 Personen. So ist heute Karlsbad ein Weltbad im wahrsten Sinne des Wortes, dessen Besuch kein anderer Kurort der Monarchie auch nur annähernd erreicht.

Will man Karlsbad würdigen, so muß man vor allem von seinen Kurmitteln, d. h. von seinen Heilquellen ausgehen. Sie bilden sozusagen das Herzblut der Stadt; von ihnen lebt mittelbar oder unmittelbar der größte Teil der Einwohner; sie sind es, die überhaupt Karlsbad zu dem gemacht haben, was es heute ist. Karlsbad verdankt seine warmen Heilquellen dem Umstande, daß es dicht an der alten Bruchspalte gelegen ist, die den südöstlichen Fuß des Erzgebirges begleitet. Hier sind vor Zeiten mächtige vulkanische Massen aus dem Erdinneren herausgequollen und hier entstanden jene heute längst erloschenen Vulkane, die noch in der Gegenwart in der näheren und ferneren Umgebung der Stadt als kegelförmige Erhebungen von mäßiger Höhe aufragen. Im Gebiete des Kurortes sind 16 stärkere und schwächere, natürliche, heiße Quellen gelegen, deren Temperatur zwischen 30 und 58,5 Grad R. schwankt. Die höchste Temperatur weist der berühmte Sprudel auf, der in der nach ihm benannten Sprudelkolonnade in mächtigem Strahle seine kochenden Fluten emporwirft und in der Minute durchschnittlich nicht weniger als 2000 Liter Wassers liefert. Weiter vielbenutzte Quellen sind vor allem der Mühlbrunnen und der Neubrunnen, die heute ebenfalls in einer mächtigen Kolonnade stehen. Andere Quellen von verschiedenem Werte, aber zumeist an Verwendung hinter den drei eben genannten zurückstehend sind: die Hygieaquelle, der Marktbrunnen, der Karlsbrunnen, die Felsenquelle, der Bernhardsbrunnen, der Schloßbrunnen, die Kaiserquelle, die Spitalsquelle, die Hochbergerquelle, die Kurhausquelle, die Quelle zur russischen Krone. Neben diesen heißen Heilwässern treten in und bei Karlsbad nicht wenige kalte Säuerlinge auf, unter denen der von Gießhübel wohl der bekannteste geworden ist. Von schier unerschöpflicher Mannigfaltigkeit ist die Indikation der Karlsbader Heilwässer. Stehen auch unter den Krankheiten, die vor allem für eine Karlsbader Kur in Betracht kommen, Magen-, Darm-, Nieren-, Blasen-, Leber- und andere Stoffwechselkrankheiten aller Art an erster

Stelle, so werden die Heilwässer der gesegneten Badestadt doch auch mit gutem Erfolge bei Asthma, rheumatischen Leiden, Nerven- und Geschlechtsleiden und bei unzähligen anderen Gebresten der geplagten Menschheit mit bestem Erfolge angewendet. Da die einzelnen Wässer der verschiedenen Quellen durchaus nicht völlig gleiche Zusammensetzung und sehr verschiedene natürliche Wärmegrade besitzen, da auch die heißen Quellen kalt genossen werden können und dann eine andere Wirkung haben als in warmem Zustande, ergibt sich eine erstaunliche Fülle der Abwechslung. Selbst der Wechsel der Jahreszeiten ist nicht völlig entscheidend für den Kurgebrauch und auch im Winter können Kuren durchgeführt werden, wenngleich natürlich der Sommer die eigentliche Kurzeit ist.

Die Karlsbader wissen, was sie ihren Quellen verdanken und sind eifrigst bedacht, durch immer neue Einrichtungen und immer mehr gesteigerten Komfort den Gebrauch ihrer natürlichen Heilmittel zu fördern und zu erleichtern. Aber das Wesen eines Weltkurortes bringt es auch mit sich, daß man Wert darauf legte, die Lokale und Anstalten, die Kurzwecken dienen, nicht nur bequem und praktisch, sondern auch gefällig und vornehm auszustatten. Schon im Jahre 1879 wurde daher über den Sprudel die bereits erwähnte Sprudelkolonnade gewölbt. Sie ist ein in den angenehmsten Formen gehaltener mächtiger Bau aus Eisenkonstruktion und Glas mit zwei großen Kuppeln, die weithin sichtbar sind. Fast 50 Meter lang und nahezu 15 Meter breit, gewährt die Sprudelkolonnade vielen Hunderten von Kurgästen gleichzeitig Raum. Hier versammelt sich in der Saison denn auch jeden Morgen bei den Klängen der Kurkapelle eine große Zahl von Sprudeltrinkern, die den Kurbecher beim Sprudel den dort tätigen einfach aber geschmackvoll in eine Art Uniform mit weißer Schürze gekleideten Mädchen reichen, den diese an einer Stange befestigen und mit dem siedenden Heiltranke gefüllt dem Eigner zurückstellen. In architektonischer Hinsicht bedeutender ist die aus schwerem Haustein hergestellte, nach Ziteks Entwürfen in klassischen Formen erbaute Mühlbrunnkolonnade, die um einige Jahre älter ist als die Sprudelkolonnade. Hier entwickelt sich dasselbe Leben wie dort, nur bedarf es bei der Füllung der Becher wegen der geringeren Temperatur der beiden hier befindlichen Quellen keiner weiteren Hilfsmittel; die freundlichen Brunnenfeen kredenzen den bitteren und doch so wohltätigen Trank mit bloßer Hand. Ähnlich ist es auch bei all den anderen, übrigens weit weniger besuchten Quellen.

Für den stillen Beobachter bietet die in der Tat internationale Brunnengesellschaft eine Fülle der Anregung und des Ergötzens, denn es fehlt wahrhaftig neben den vielen wirklich Leidenden nicht an komischen und lächerlichen Gestalten. Aber auch wer etwa Modetorheiten studieren will, wer physiognomische Studien zu machen geneigt ist, wer die Wirkung des wenig wohlschmeckenden Wassers auf die Gesichtsmuskeln des erstmals Kostenden mit vollem Verständnisse für den Humor der Situation beobachten will, kommt auf seine Kosten. Natürlich ist Karlsbad eine „elegante" Stadt, es könnte sich sonst nicht unter den vornehmen Bädern der Erde behaupten, denn was helfen die besten Heilquellen, wenn der gebildete oder gar der halbgebildete Mittel- und Osteuropäer oder gar der Amerikaner nicht den nötigen äußeren Glanz findet? Dann kommt er eben nicht. Aber die immer mehr wachsende Wohlhabenheit der Stadt gestattet ihr, sich auch ein immer schöneres und reicheres Gewand anzulegen. Nicht leicht findet man so peinlich saubere Straßen, so tadellos gehaltene Häuser. Die großen Gasthöfe und die zahllosen Unterkunftshäuser, die nach alter Weise alle ihre Hausschilder behalten haben – „Zum Lord Byron", „Zum weißen Hasen" usw. liest man – alle sind sie einladend und freundlich. Natürlich gibt es auch minder appetitliche Herbergen für die minder appetitlichen Gäste, die leider den Glanz nicht bezahlen können, aber auch gerne ein bißchen Gesundheit hier erwerben möchten, aber diese bescheideneren Häuser stehen abseits von den vornehmen Straßen, von der „Alten" und der „Neuen Wiese". Wunderschön dagegen sind das Kaiserbad, das Hotel Pupp, das Stadttheater, das Kurhaus. Stattliche städtische Gebäude, Schulbauten und Kirchen von Geschmack, darunter auch eine prunkvolle russische Kirche und eine bescheidenere evangelische, verschönern das Stadtbild. Vor dem Kaiserbade erhebt sich ein Goethedenkmal von Donndorfs Meisterhand, das die

Erinnerung an die wiederholten Besuche des größten Kurgastes, den Karlsbad jemals begrüßen durfte, lebendig erhält. Auch andere Werke der Bildhauerkunst schmücken die Straßen und Plätze, so die hübsche Hygiea Fernkorns bei der erwähnten Hygieaquelle, dann das Standbild Kaiser Karls IV. beim Stadtparke, ein zweites Denkmal dieses Herrschers erhebt sich auf dem Marktplatze. Auch an älteren Kirchenbauten von Kunstwert fehlt es nicht. Da ist einmal die schöne in den Jahren 1732-36 erbaute Dechanteikirche zu St. Maria Magdalena, die dem großen Meister des Barock Dientzenhofer ihre Gestalt verdankt. In der der Überlieferung nach bis auf das Jahr 1500 zurückgehenden Andreaskirche auf dem Friedhofe findet sich ein schönes Altarblatt, das von Leonardo da Vinci herrühren soll. Neuere schöne Wandgemälde von Kandler birgt die Kapelle des Militärkurhauses, dazu auch eine Christusgruppe aus Marmor von Levy.

Die Stadt Karlsbad zählt heute 18000 Einwohner, zumeist deutscher Volkszugehörigkeit. Der große Verkehr, der in der Hauptsaison den Bahnhof belebt, nimmt natürlich im Winter stark ab, aber immer ist die Stadt ein wichtiger Haltepunkt der Buschtiehrader Bahn. Der Frachtenverkehr ist bedeutend, sowohl wegen der vielen einlaufenden Güter, die das mächtige Gastgewerbe verbraucht, als auch wegen der Kurgäste mit ihren unendlichen Reiseeffekten. Dann findet jahraus jahrein eine umfassende Heilwasserversendung statt, denn mehr als drei Millionen Flaschen Karlsbader Wassers gehen alljährlich in alle Welt. Nicht unbedeutend ist die Industrie Karlsbads. Zum Teile hängt sie mit dem Kurgebrauche zusammen, so die Herstellung kurgemäßen Gebäcks, des berühmten Karlsbader Wasserzwiebacks und der minder kurgemäßen Karlsbader Oblaten. Aber auch die Fabrikation von unzähligen Erinnerungsartikeln, wie eingelegten Messern, Bildern, Rahmen, Nippes aller Art, zumeist mit Sprudelsteinen eingelegt, oder im Sprudel versteinerten Gegenständen, wie Körbchen, Blumen usw., dann Karlsbader Nadeln, Papiermachégegenständen, von Karlsbader Oblaten usw. ist sehr bedeutend. In der Nähe der Stadt aber hat sich lebhafte Glas- und Porzellanfabrikation entwickelt. – Mit den Bedürfnissen der Kur, die fast immer viel Bewegung verlangt, hängt es zusammen, daß von Karlsbad nach allen Richtungen prächtige, wohlgepflegte Wege und Straßen in die überaus liebliche Umgebung führen. An kleineren und größeren Ausflügen ist daher kein Mangel und nach dem stärksten Regengusse schreitet der Fuß des Wanderers auf tadellosen Pfaden dahin. Ob du deine Schritte nach dem Aberg mit seinem Aussichtsturme lenkst, ob du die Franz Josefshöhe oder den Hirschensprung erklimmst oder ob du zum Schloßberge hinaufsteigst, wo freilich kein Schloß mehr, sondern nur noch eine Gedenksäule steht, ob du den Dreikreuzberg besuchst oder die Eger aufwärts zum Hans Heilingfelsen pilgerst, oder endlich ob du irgendeinen anderen der vielen lohnenden Ausflugspunkte zum Ziele nimmst, immer werden dich anmutige Bilder erfreuen.

Das Warmbad Kaiser Karls IV.

Vinzenz Prökl
(*1803 Hartenberg †1887 Eger)

Die Angabe, daß Kaiser Karl IV. das Warmbad auf einer Jagd erfunden habe, ist längst durch Urkunden widerlegt, wohl aber hat das Warmbad durch die Anwesenheit Kaiser Karls IV. den Namen Karlsbad erhalten, und ist von diesem Zeitpunkte an immerfort größer und endlich zur größten Weltkurstadt geworden. Kaiser Karl IV. ertheilte de dato Nürnberg den 14. August 1370 der Stadt Karlsbad alle jene Privilegienrechte, welche die Stadt Elbogen von Kaisern und Königen von Alters her erhalten hatte, und nennt darin die Karlsbader „Unsere lieben getreuen Bürger.“ ...

In diesem Privilegium wird Warmbad das erstemal Karlsbad genannt. Es ist aus historischen Werken bekannt, daß ohne ausdrückliche kaiserlich oder königliche Bewilligung keine Stadt sich einen Namen geben, noch weniger aber sich ein eigenes Stadtwappen wählen durfte; die Karlsbader müssen daher über besondere Bitte bei dem Monarchen das Recht erworben haben, der Stadt den Namen Karlsbad zu geben, und als Stadtwappen einen aufgerichteten gekrönten halben Löwen auf 3 Flüssen im rothen Felde ruhend, – zu führen welche Flüsse die Eger, die Tepl und den Sprudel bezeichnen.

Es sind von Schriftstellern späterer Zeit verschiedene Betrachtungen angestellt worden, zu welcher Zeit Kaiser Karl das erstemal nach Karlsbad gekommen ist. Doktor Mathias Kalina von Jäthenstein klärt uns in seinem Aufsatze: „Karlsbad vor und während der Karolinischen Periode“ darüber auf, und weiset nach, daß Karl IV. bald nach seiner Krönung den Feldzug gegen den Kaiser Ludwig mitgemacht habe, und sich noch am 1. Jänner 1348 in der Stadt Speyer aufhielt, wodurch die Angabe, daß derselbe schon vor dem Jahre 1347 in Warmbad gewesen sein soll, sich entkräftet. Urkundlich ist nachgewiesen, daß Kaiser Karl im Jahre 1370 loco Karlsbad für die Städte Saaz, Brüx, Kaaden und Laun Privilegien ausfertigte.

Zu der Annahme, daß Karl IV. 1347 in Karlsbad anwesend war, mag des Historiographen Pelzels Kaiser Karl IV. und jene zwei vergilbten Blätter aus einer Chronik oder andern Manuskripten Anlaß gegeben haben, welche der Karlsbader Stadtschreiber Christoph Nonner gelegenheitlich der Regulierung des Elbogner Kreisamts-Archivs im Monate Mai 1700 auffand, und heute noch in Leopolds Stöhrs „Karlsbader Denkwürdigkeiten“, Manuskript in Original, eingelegt sind. Darin heißt es:

Den 26. Mai 1700 bin ich mit dem Königl. Craysamt nacher Elbogen gefahren, und alldorten dass Königl. Creys Archiv in „Augenschein genohmen, auch durch Ezlich Täg eingerichtet, und in denen rechnungen gefunden, wann den König Karl die Speis zum Bad in den Wald getragen worden, als nemblichen Im Eintaussent drey Hundert vierzig Siebenden Jahr im Monate Novembris. -

Pelzl schreibt: Kaiser Karl habe den Thurm im Jahre 1364 erbauen lassen. Über den weitern Besitzstand der Stadt Karlsbad entnehmen wir den Aufzeichnungen im Elbogner Stadtarchive, daß derselben die Dörfer: Fischern, Roßnitz sammt den See und die Wobesmühl, Donitz, Ober- und Untermaierhöfen, Dreihöf und Spitzmühl, Pfaffenteich und eine Wiese bei Chodau einverleibt sind; leider fehlt die Jahreszahl und es wird im Laufe dieser Darstellung noch Näheres darüber erläutert. - Über den Bestand Karlsbads vor 300 Jahren giebt uns Med. Doktor Summer folgende Nachricht; er schreibt:

„Es wird in gemein gesagt, das Carolus der vierte Römische Kaiser etc. in diesen Bergen und Thal, da jetzt das heisse Wasser aufspringt, und vor zeiten grosse Wälder und Wildban gewesen, eine Jagd angestellet habe, und das in den Jagen ein Hund, der einen stück Wildes hefftig nachgesetzet, in den Pful, da jetzt das heisse Wasser hervorspringet, gefallen sei, und als er wegen hefftiger Hitze des Wassers grosse schmerzen gefühlet, jämmerlich geschrieen habe. Welches als die Jäger innen wurden sind sie alsbald dem geschrey nachgefolgt und vermeinet, es würde ein Stück Wildes etwa einen Hund verletzt haben. Sind derohalben an dem ort kummen, da sie den Hund in den Pful steckend und schreiend gefunden. Als sie sich nun sehr darüber verwundert, sind sie hernacher hinzugetreten, haben den Hund herausgezogen, und das sehr heisse Wasser, welches den Hund also geängstiget, selbst gefühlet. Da nun Kayserliche Majestät von diesem bericht worden, ist sie alsbald mit vielen Dienern der Natur Wunderwerk zu besehen dahin kommen. Als aber Ihre Mayt. aus hohen verstand neben den Medicus vermerckt, das solch hitziges Wasser viel und swere Krankheit zu vertreiben würde kräftig und nützlich sein, hat sie solches an ihrem eigenen Leib probieret (denn man sagt, sie habe einen bösen schenkel gehabt) besserung befunden. Derowegen sich auch Ihre Mayt. gefrewt, und alsbald befelch gethan, dass man solle daselbst Häuser auffrichten, und den ort wohnhaftig machen. Der ort aber, da der Kayser gebadt sagen die Inwohner, so, etwas alteres von andern, sey gewesen an der Stelle, wo die gemeinen bade vor Zeiten gestanden, jetzt aber das Rathhaus dahin gebauet ist. Bey welchen denn auch ein Brunnen das wasser nicht so hefftig und heiss, sondern ein wenig lälichter ist. Es wird auch gesaget, dass vor etlichen Jaren eben an demselbigen Orte ein stuel in Felss aus gehawen, gesehen worden, da der Imperator gesessen, welchen man den Kayser Karl Stuel genannt. Aber er ist nun eingefallen, und wie vermeldet, dass Rathhaus dahin gebauet. Als nun dieses Wasser den Schaden des Höchstgedachten Kayser Karls geheilet, hat er dahin ein neu Stedlein gebauet, welches auch Ihre Mayt. mit Mauern befestigen lassen wollen, wo nicht andere Unfälle dazwischen kommen wären. Das dem also sey, findet man noch heutigen Tages etliche Stück Mauern, so zur befestigung des Kayser Karlsbad aussgeführet, welche unter den Hirschenstein gesehen worden. Man findet auch noch etliche verfallene Gewelbe von Kellern am Hirschenstein, und wie die älteren Inwohner sagen, ist Kayser Karl Willens gewesen, ein Schloss, (wie den solches in Böhmerlande sehr in Brauch gewesen und es an vielen örten zu besehen) auf obbemeldten Hirschenstein zur Befestigung Carlsbads aufzubauen; Und behalt solches Städlein noch den Namen von seinem Inventora, dass es das Kayser Karlsbad genennet wird. Solche beschreibung wie oben berüret habe ich aus der älteren Inwohner Relation, nicht aus den Hystorischen Büchern und mag derselben jeder Glauben geben, dieweil bisher niemand gefunden, der etwas anders dann hatt anzeigen können, die Zeit aber da diss Wasser gefunden, wird dafür gehalten, dass es sey gewest im Jahre nach Christi Geburt 1370."

Kaiser Karl IV., dessen Liebe und Vorsorge im steten Andenken der Stadt Karlsbad bleibt, war nur ein kurzes Dasein beschieden. Er starb am 29. September 1378. Die Bürgerschaft hatte alle Ursache, den Verlust dieses gütigen Monarchen tief zu betrauern; in den dankbaren Herzen der Stadtbewohner wird sein Name hochverehrt fortleben.

König Wenzel, Nachfolger Karls IV. bestätigte auf Ansuchen Bürgermeister und Raths alle alten Stadtprivilegien ... und besagt in diesem Diplome, daß die Dörfer Trahowitz und Thiergarten mit allem Zugehör ewig bei der Stadt bleiben sollen, und daß die Bürger berechtiget sind, unehrliche oder wegen Todschlag flüchtige Personen in ihrer Stadt aufzunehmen und „zu empfahen." Derselbe König erwähnt in diesem Privilegium das Dorf Trahowitz, wovon in den frühern Lehenbriefe des Königs Johann nichts vorkömmt; und es läßt sich annehmen, daß Karlsbad inzwischen dieses Dorf als Stein

Elbogner Lehen erworben oder zum Geschenke erhalten habe; und zwar blos die zinspflichten Unterthanen, weil in Trahowitz ein abgesonderter Rittersitz mit Schloß und Wirthschaftsgebäuden bestand, welchen Stephan von Branden innen hatte. Auf der Anhöhe steht noch ein großes Gebäude, an dessen Stelle früher das Schloß erbaut war. Diesen Besitz erkaufte die Stadt Karlsbad von demselben Stephan von Branden im Jahre 1493; darüber noch zwei Quittungen über 494 fl. Kaufgeld vorhanden sind.

In Thermas Caroli IV.

Anonymus

Der berühmte böhmische Humanist Bohuslaw Lobkowitz von Hassenstein, so benannt nach seiner Burg, die heute noch als gut erhaltene Ruine im Erzgebirge ein beliebtes Ausflugsziel der Karlsbader Kurgäste bildet, besang um die Jahrhundertwende 1500 als erster den wundertätigen heißen Springquell im Tepltale in klassischen Versen. Geboren im Jahre 1462 hatte er wie andere Studenten aus dem Deutschen Reiche und Böhmen an den italienischen Universitäten Bologna und Ferrara studiert, später in Straßburg, von wo aus er in seine böhmische Heimat zurückkehrte. Er hat sich selbst als Deutscher bekannt („Ego me Germanum esse et profiteor et glorior“).

Er wollte sich ganz dem Dienste seines Königs Wladislaw II.* widmen; der Hofdienst befriedigte ihn jedoch nicht und so lebte er einsam auf seinen böhmischen Gütern, am liebsten auf seiner Burg Hassenstein, wo er allmählich eine stattliche Bibliothek lateinischer und griechischer Klassiker anlegte und in regem Verkehr mit deutschen und tschechischen Humanisten stand. Seine Einsamkeit erfuhr nur einmal eine Unterbrechung, als er im Jahre 1490 eine große Reise nach dem Orient antrat, die ihn nach Syrien, Palästina, Ägypten, Arabien, Griechenland, Kleinasien und zurück nach Karthago und Sizilien führte.

Von seiner Burg Hassenstein aus besuchte er das Badestädtlein Kaiser Karlsbad. Der heiße Springquell des Sprudels ließ seine klassische Ode „In thermas Caroli Quarti" erstehen. Er starb am 11. November 1510. Mit- und Nachwelt haben seiner lobend erwähnt. Ulrich von Hutten** spricht ihm den ersten Platz im heroischen Gedicht zu.

Seine schöne Ode auf den Sprudel wurde den Karlsbadern erst zu Anfang des 19. Jahrhunderts durch einen Zufall bekannt. Der hochverdiente Historiograph der Stadt, P. Leopold Stöhr, Kreuzherrenordenspriester und Dechant an der Dekanalkirche, besuchte im Herbst 1815 den Prager Kunsthändler Anton Zimmer, der während der Kurzeit eine

* Vladislav II. Jagiello (*1456 †1516): Böhmischer König seit 1471.

** Ulrich von Hutten (*1488 †1523): Dt. Reichsritter, Vagant und Humanist.

Kunsthandlung auf der Alten Wiese im Hause „Zur schönen Königin“ besaß. Unter vielen Einpackpapieren sah P. Stöhr einen Druckbogen mit der deutschen Übersetzung eines Lobgedichtes auf den Sprudel. Er ersuchte den Kunsthändler, nach dem Verfasser des Buches zu forschen und erhielt Ende Dezember die freudige Nachricht, der Bogen stamme aus dem Buche seines ehemaligen Lehrers an der Prager Universität, Ignaz Cornova, „Bohuslav von Lobkowitz und zu Hassenstein“, Prag 1808, Calvesche Buchhandlung.

So wurde Stöhr der Entdecker der ersten Ode auf die Karlsbader Quellen. Er veröffentlichte den lateinischen Text und die deutsche Übersetzung von Cornova in der 3. Auflage seines Werkes „Kaiser Karlsbad“ aus dem Jahr 1817.

Da kam im Jahre 1826 Med. Dr. Jean de Carro schwer gichtleidend nach Karlsbad in die Kur, wurde vollkommen geheilt und ließ sich als Badearzt nieder. Dieser gelehrte Arzt, geboren 1770 in Genf, war seit Dr. David Becher (†1792) der erste Badearzt, der für die Verbreitung des Ruhmes der Karlsbader Wässer wissenschaftlich tätig war. So trat er in Verbindung mit dem Historiographen der Stadt P. Stöhr und lernte durch ihn die berühmte Ode des Lobkowitz kennen.

Voll Begeisterung über die klassischen Verse des böhmischen Humanisten entschloß sich Doktor de Carro, dem ersten Besinger der Karlsbader Quellen durch ein sichtbares Zeichen zu danken. Auf einer schwarzen Marmortafel sollte die Ode in

Goldschrift durch den Prager Bildhauer Prachner eingegraben werden. De Carro gewann für den Plan den Oberstburggrafen von Böhmen, Karl Grafen Chotek, der den Elbogener Kreishauptmann beauftragte, den hiefür erforderlichen Betrag von 48 fl C. M. aus den Stadtrenten zu bewilligen. Franz Palacký, der Vater der böhmischen Geschichtsschreibung, überwachte die Ausführung der Arbeit auf den genauen Text.

Im August 1828 traf die Marmortafel in Karlsbad ein. Sie sollte am Ende der im Bau befindlichen Sprudel-Kolonnade eingemauert werden; denn der Sprudel allein wurde zur Zeit des Bohuslaw Lobkowitz von Hassenstein für die Badekur und nach 1500 für die Trinkkur benützt.

Auf den Rat Dr. de Carros wurde die Gedenktafel unter dem Balkon des neu erbauten Mühlbades (heute Stadthaus) angebracht, obwohl der Mühlbrunn erst nach 1700 zum Baden und Trinken verwendet wurde. Nach Erbauung der neuen Mühlbrunn-Kolonnade im Jahre 1879 erhielt die Inschrift ihren heutigen Platz.

Dr. de Carro wollte neben dem lateinischen Text links eine französische und rechts eine deutsche Übersetzung anbringen, doch fand dieser Plan nicht die Bewilligung des Oberstburggrafen. Dafür entschloß er sich, eine polyglotte Übersetzung der Ode herauszugeben, ein Plan, den er bereits im nächsten Jahre verwirklichte. Seine Arbeit wurde ihm dadurch erleichtert, daß Karlsbad damals der Mittelpunkt der vornehmen und gelehrten Welt von ganz Europa war und de Carro seiner Sprachkenntnisse wegen als Badearzt mit diesen Kreisen vielfach in Berührung trat. So vermittelten ihm diese die Übersetzungen durch ihre gelehrten Freunde. Die Polyglotte erschien zuerst in französischer Sprache unter dem Titel:

Ode latine sur Carlsbad
composée, vers la fin du 15me siècle, par le Baron Bohuslas Hassenstein de Lobkowitz, avec une traduction polyglotte, une notice biographique de ce poëte, des observations sur l'ode, et sur lántiquité de ces thermes, par le Chevalier Jean de Carro, docteur en médicine des facultés d'Edinbourg, de Vienne et de Prague, et practicien à Carlsbad pendant la saison des eaux. Avec le portrait de Lobkowitz et une vue des Ruines de Hassenstein, Prague.

De l'imprimerie de Schönfeld 1829.

Der französischen Ausgabe folgte im selben Jahre die deutsche:

Lateinische Ode auf Karls des Vierten Heilquellen.

Gedichtet gegen Ende des fünfzehnten Jahrhunderts von dem Freiherrn Bohuslaw Hassenstein von Lobkowitz, nebst einer polyglotten Übersetzung derselben, einer lebensgeschichtlichen Nachricht über diesen Dichter, Bemerkungen über diese Ode und das Alter der Heilquellen Karlsbads. Aus dem Französischen des Ritters Johann de Carro, der Arzneikunde an den Hochschulen zu Edinburg, Wien und Prag Doctors, und ausübenden Arztes in Karlsbad, während der Kurzeit: durch Johann

Ritter von Rittersberg. Mit Bohuslaus v. Lobkowitz Abbildung und einer Ansicht der Ruinen von Hassenstein.

Prag, 1829

von Schönfelds Papier und Druck.

Das Büchlein enthält nicht weniger als 22 Übersetzungen in 15 Sprachen: je 2 in deutscher, englischer, französischer, hebräischer, spanischer, portugiesischer und ungarischer, je 1 in holländischer, italienischer, polnischer, russischer, schwedischer, tschechischer und altgriechischer Sprache und in dem gaelischen Dialekt, der Sprache der Hochschotten.

Der lateinische Urtext der Ode und die Polyglotte lauten in der Rechtschreibung jener Zeit:

In Thermas Caroli IV.

Fons, Heliconiadum merito celbrante cohorti,
Unde tibi laticcs calidi, vcnacvc meantis
Suphuris, aut vivae, dictu mirabile, calcis?
Per terras Siculamne ignis qui provocat Aethnam
Id facit? An Stygii forsan vicinia Ditis
Has tepefecit aquas? Baiarum littora cedant,
Atque Antenoreum prospectans unda Timavum,
Et quaer caeruleo consurgit proxima Rheno,
Nobilitata tuo, sanctissime Carole regum,
Interitu. Quantas emittit in aëra bullas!
Aspice, quam varie lapides et marmora pingit,
Per quaecunque fluit! Vix ipsa coloribus Iris
Collucet totidem! Felix per saecula mana,

Fons sacer, humano generique salutifer esto!
Redde seni validas vires, pavidaeque puellae
Formosam confer faciem, morbisque medere
Omnibus, et patrias accedat laetior oras,
Quisquis in hac lympha fragiles immerserit artus!

Deutsche Übersetzung

An Karlsbads Heilquellen

Quelle, vom Sängerchor der Musen würdig zu feyern,
Tief aus verborgenem Schacht, vom Lager
feurigen Schwefels,
Wo der brennende Kalk aufbrausend zischet, erglühst Du?
Kömmt Dir vom Feuerstrom, der Aetnas Flammen
entzündet,
Unterirdisch die Glut? Erglühst Du nachbarlich rauschend
Um den Flammenpfuhl der finsteren Mächte des Orcus?
Baja's Gestaden nicht entströmt ein edlerer Heilquell,
Nicht des Timavus Gebiet; Dir weichen die
heilenden Bäder
Nahe am bläulichen Rhein, als Todesstätte des heilgen
Königs Karl geweiht. Wie üppig die Perlen Dir schäumen.
Wie das gespühlte Gestein mit Iris Schmelzen Du färbest!
Spende durch heilenden Strom den leidenden Menschen
Gesundheit
Manches Jahrhundert noch! Des Greises gealterte Sehne
Stähle zu neuer Kraft; laß rosig von neuem erblühen
Schüchterner Jungfrau'n Reiz, und banne jegliche
Krankheit,
Daß zum heimischen Herd stets kehre mit fröhlichem
Muthe,
Wer in die heilende Fluth die erkrankten Glieder getauchet!

Der Sprudel

Theodor Körner
(*1791 Dresden †1813 Gadebusch)

Dampfe nur immer empor und brause herauf aus der Tiefe,
wie es dich dränget und treibt, wunderbar glühender Quell!
Nicht nach der Brüder Art ist dein wildes Wogen und Wallen,
Denn der höhere Mut bricht sich die eigene Bahn.
So des Jünglings Gemüt, das über die Schranken hinausfliegt
Und gegen irdische Kraft rühmlich im Kampfe besteht.

Hans Heilings Felsen

Ludwig Bechstein
(*1801 Weimar †1860 Meiningen)

In der Nähe von Karlsbad, am Flusse gleichen Namens, lebte ein Mann, des Name war Hans Heiling, der hatte viel an Gut und Geld, aber nicht von Gott, sondern vielmehr durch ein Bündnis mit dem schlimmen Herrgottsaffen, dem bösen Feind; der mußte ihm dienen eine lange Reihe von Jahren, und Heiling plagte ihn baß, wie Doktor Faust seinen

Teufel Jost, so daß der Teufel seinen Dienst gar mächtig überdrüssig bekam. Dafür stänkerte ihn der Teufel mit dem Dampf an, den er aus seinem Rachen blies, wenn er bei ihm war, daß Heiling fast stank wie ein Tabaksraucher, der den ganzen Tag raucht, und als Hans Heiling sich in ein schönes Mägdlein heftig verliebte, die auch ihn gern sah, wurde doch nichts aus der Verbindung, weil Heiling so anrüchig war. Darauf erkor sich das Mägdelein einen andern Bräutigam, welcher nicht stank wie der Teufel oder sonst ein Stinkbock; darüber ergrimmte Hans Heiling über die Maßen, wartete die Hochzeit ab, und als nun Braut und Bräutigam mit den Gästen fröhlich beisammensaßen, da erschien er im Geleit des Teufels und schrie letzterem zu: Teufel! Deine Dienstzeit lösch' ich dir, so du diese vernichtest! – Freut mich, hör' ich gern! schrie der Teufel, qualmte noch einmal wie ein Bäckerschornstein und rief: Nun bist du mein! – verwandelte alle Hochzeitgäste samt dem Brautpaar in Felsenstein und gab Hans Heiling einen Drücker ins Genick und einen Tritt und stieß ihn hinab in die Eger. Niemals sah ein Auge ihn wieder, aber die Steinverwandelten stehen noch, das Brautpaar, das sich umarmt, der Brautvater und die Hochzeitgäste.

Eine andere Sage läßt den Heiling in einem nach ihm genannten Felsen hausen, in welchem eine Höhle befindlich, und allda über ein Volk von Zwergen herrschen. Dieser Felsen heißt nach ihm der Heilingsfelsen und steht mit andern zwischen dem Schlosse Aicha und dem Hofe Wildenau im Flußtale der Eger. Eine Frau aus Trabnitz ging über Pornitz in den Wald unter Aicha, Beeren zu suchen, und der Abend überraschte sie. Sie kam aber an ein schönes Haus, in das sie eintrat, und da saß ein alter Mann an einem Tisch und schrieb gar emsig. Die Frau sagte: Kann ich hier bleiben? – und der Mann sagte: Ja, das kannst du! – Wo bin ich denn? fragte sie weiter. In Heilings Hause, der nicht mehr lange weilen wird, sein Volk ist schon zum größten Teil voraus. Der Bann ist gelöst! – Bist du es nicht, der die Zwerge in Stein verwünscht hat, daß man die Steinfelsen noch heute die verwünschte Zwergenhochzeit nennt? – Schweige und schlafe! antwortete auf diese letzte Frage der alte Zauberer. Die Frau gehorchte zitternd, sie kroch in einen Winkel und entschlief. Als sie am Morgen erwachte, fand sie sich in einer Felskluft liegen, kein Gedanke an ein Haus war zu denken. Sie eilte jetzt rasch nach ihrem Dorfe zurück, aber da war alles verändert, andere Häuser, andere Menschen, und ihr widerfuhr, was anderen Bergentrückten auch widerfahren, im Kirchenbuche stand ihr Name als der einer vor hundert Jahren Verschollenen. Allein darin war sie besser daran als jenes Brautpaar im Kyffhäuser, jene Bergleute im Kuttenberg und jener Gast des Toten zu Groß-Berkentime; sie war nicht alt geworden in den hundert Jahren, sondern lebte ihre übrigen Jahre ruhig dahin und schickte sich gut in die andersgewordene Zeit, was nicht jedem gegeben.

An einem Johannistage sind auch zwei Hirtenknaben, welche Vögel fangen wollten an den Heilingsfelsen gekommen und haben unten an ihm ein Türlein offenstehen sehen. Sie gingen hinein, sahen Truhen stehen, eine offen und voll Geld, die andere leer; schleunigst sackten sie ein, ihre Schubsäcke voll, aber endlich wurde es ihnen grauslich zumute, sie eilten hinaus, und hinter dem zweiten schmetterte die Türe so heftig zu, daß sie ihm ein Stück vom Absatz seines Schuhes wegschlug. So kamen sie noch mit heiler Haut davon und brachten das viele Geld ihren Eltern glücklich nach Hause.

Aus Griebens Reiseführer
Karlsbad und Umgebung, 1923

Ankunft. Karlsbad hat zwei **Bahnhöfe**, und zwar am rechten Ufer der Eger den *Zentralbahnhof* (Richtung nach Marienbad und Johanngeorgenstadt) und am linken den *Buschtiehrader Bahnhof* (Züge nach Bodenbach, Prag, Eger und Johanngeorgenstadt), die beide miteinander in Verbindung stehen. Während des ganzen Jahres stehen zu jedem Zuge bei Tage Zweispänner, Einspänner, Hotel- und Bahnomnibuswagen sowie auch Kraftdroschken bereit, ebenso sind zu den Nachtzügen die nötigen Fahrgelegenheiten vorhanden.

Sprudel, Dampfbad und Kirche um 1825.

Doktor David Becher

Vinzenz Prökl
(*1803 Hartenberg †1887 Eger)

David Becher, Sohn des Karlsbader Bürgers und Kaufmanns Leopold Becher, geboren 1725 in der Sprudelgasse im Hause „Zu den Zwei Ketten“, studierte zu Schlackenwerth, dann die Medizin in Prag; er erlangte die Doktorswürde, und praktizierte einige Jahre in Wien, wo er bei den älteren Ärzten in großem Ansehen stand. Er ging in seine Vaterstadt zurück als Brunnenarzt, erhielt den Ruf als Professor der Chemie an die Universität in Prag, dem er aber nicht folgte, und heiratete die Witwe des Chirurgen Dupon, die ihm eine Tochter gebar. Jene starb bald und er ehelichte die Witwe des Prager Professors Schrott. Becher war ernsthaft und streng religiös, ein eifriger Anhänger Karlsbads und ein Beschützer der Heilquellen. Mit allem Fleiße arbeitete er, die Heilkraft der heißen Wasser bekannt zu machen und der Kurstadt den ihr gebührenden Ruf zu verschaffen; er erfand Sprudelsalz ohne Feuer zu erzeugen; maßlose Unannehmlichkeiten und Anfeindungen hatte er zu überwinden. Er machte seine Beobachtungen und Erfahrungen durch ein 538 Seiten starkes Werk - gedruckt 1789 bei Census in Leipzig - bekannt, welches 1797 in's Französische übersetzt wurde, nachdem er bereits früher 1766 eine Abhandlung über die Karlsbader Wasser veröffentlichte. Seine Schriften sind inhaltreich und hochschätzbar in medizinischer und historischer Hinsicht. Ihm dankt Karlsbad die erste Quellen-Analyse, das Theaterhaus und die Vervollkommnung der Sprudelsalzsiederei. Von der Kaiserin Maria Theresia erhielt er eine goldene Dose und einen kostbaren Brillantring. Die Büste David Becher's ist an der Längenfront im Inneren der Sprudel-Colonnade aufgestellt. Becher starb am 4. Februar 1792 im 67. Lebensjahre im Hause „Zur Sklavin“, und liegt nahe an der St. Andreaskirche begraben.

Die Rubendunst musst' Karlsbad verlassen

Ernst Frank
(*Karlsbad 1900 †Offenbach 1982)

Was freudig anhebt, wird in Tränen enden. Dieses Wort sollte sich am Karlsbade im Jahre 1759 schrecklich bewahrheiten. Am Vormittage des 23. Mai desselben Jahres wurde vor dem Rathause am Ring lange getrommelt. Als sich eine größere Menge von Bürgern eingefunden hatte, wurde lauthals eine vom Prinzen Karl von Preußen gezeichnete Kriegsschutzkundgebung verlesen, laut der neben Töplitz auch Karlsbad während des Krieges von preußischen Offizieren so wie preußische Bäder von österreichischen Offizieren ungestört besucht werden könnten. Auch sollte es vor Kriegsverheerungen dauernd geschützt sein. Die Karlsbader hätten darüber am liebsten Friedrich dem Großen, dem sie bisher fremd und verständnislos gegenüberstanden, gehuldigt. Lauter Jubel bemächtigte sich ihrer ob dieser Verkündigung, bedeutete sie doch, daß trotz der schlimmen Kriegszeiten Karlsbad mit einer größeren Zahl höherer Gäste werde rechnen können. Wie weit der Jubel an dem wenige Stunden später im Hause „Zu den drei Mohren" ausbrechenden Brande schuld war, läßt sich nicht mehr mit Sicherheit sagen. Schrecklich bleibt der herbe Gegensatz zwischen Jubel und Leid an einem Tage.

Es war ein Uhr mittags. Da kam bei dem Zinngießermeister Joseph Heilingötter, wahrscheinlich aus Unvorsichtigkeit mit glühenden Kohlen, im nachhaltenden Jubel vielleicht, Feuer aus. Frau, Gesellen und Lehrjunge, - der Meister weilte zur Zeit gerade an der Prager Messe, wurden von dem Feuer derart überrascht, daß sie nichts weiter als schnell das Freie suchen und dort um Hilfe schreien konnten. Da bemerkten sie mit Schrecken, daß der ganze Dachstuhl schon in Feuer stehen müsse, denn überall brach schon schwarzer Qualm durch die Lücken des Daches, ja, stellenweise leckten schon die hellen Flammen gegen Himmel. Erst zur Freiheit gelangt, wuchsen sie gleich ins Riesenhafte, vermählten sich dem herrschenden Sturme, der sie auf die Nachbardächer verpflanzte und so drohte im Nu der ganzen Reihe der Wiesenholzhäuser Brand und Vernichtung. Da geschah das Schreckliche. Der Sturm, von der Teplmündung her brausend, schlug um. Er trug Glut und brennende Schindel über den Teplfluß hinüber und setzte, Gott sei's geklagt, die Nachbarhäuser der schönen neuen Kirche, schließlich das Dechanteigebäude und die Kirche selbst in Flammen. Als die Bürger das Gotteshaus brennen sahen, wollten sie verzagen. Sie zweifelten daran, dem Brande noch glücklich beikommen zu können, veruneinigten sich und liefen auseinander, den eigenen Häusern zu, zu retten, was ihnen wert schien oder was ihnen unter die Hände kam. In weniger als einer Stunde war die teure Stadt ein Flammenmeer. Schreiende Kinder liefen über das glühende Pflaster der Gassen, jammernde Mütter trugen irgendeinen wertlosen Gegenstand bergwärts, darin irr geworden, was sie eigentlich tun oder lassen sollten. Männer schrien und schleppten Wasser, pumpten an Spritzen und wußten doch, daß ihr Tun unsinnig sei. Ihr Rufen, ihr Beten, ihr Angstgeschrei versank im Prasseln der Flammen, im Lärm der zusammenstürzenden Häuser, im Brausen des immer wilder wütenden Sturmes. Es brannte alles ab. Wenn auch die Wiesenhäuser durch die geänderte Sturmrichtung verschont blieben, so wurde doch dafür die ganze innere Stadt in Staub und Asche gelegt. Von den drei Mohren ausgehend wurde alles zu Schutt, was um den Ring herum gestanden, die Schloßberghäuser, der Stadtturm mit der Uhr, die Mühlbadgasse, die obere Kreuzgasse mit der Kirche und den Häusern am Prager Tor, von dort hinab die Kirchengasse, der ganze Jakobberg und die Häuser im Geweidig*, ja sogar die Brücken und Stege über die Tepl und die Hopfgärten hinter den Häusern und weit die Berge hinan wurden ein Opfer der Flammen.

224 Häuser wurden innerhalb fünf Stunden in Asche verwandelt und nicht genug mit dem Sachschaden, auch vier Menschen hatten im Brande ihr Leben verloren. Sie konnten erst nach und nach aus dem Schutt ausgegraben und später beerdigt werden.

Rasch verbreitete sich die Nachricht von dem Wüten des Feuers in der näheren Umgebung. Die Elbogener eilten herbei, stellten ihre große Feuerspritze in das Wasser der Tepl und konnten durch ihre unermüdliche Arbeit die untere Kreuzgasse vor der Verheerung retten. Die Aicher arbeiteten in der Gegend des Schlaggenwalder Torcs.** Die Engelhäusener, Espenthorener und Schneidmühlener halfen im Geweidig. Die Hammerner, ja selbst die Donawitzer waren herbeigeeilt, sie beschützten die Wiesengasse. Tagelang währten die Rettungs-, Sicherungs- und Aufräumarbeiten, so daß auch die Joachimsthaler Bergleute, die zwei Tage nach dem Brande kamen, noch genug zu tun fanden.

Gegen Abend, als sich die Schrecken des Brandes in den glühenden Aschenresten verkrochen, versammelten sich die Bürger, von innenher gedrängt, um die noch immer brennende Kirche. Die

* Die heutige Theatergasse.
** Am heutigen Schloßberge.

Sorge um die nächste Zukunft, die Frage, wo sie die bald heraufziehende Nacht verbringen sollten, trieb sie zusammen. Von der unerschütterlichen Rettungskraft des Meßners Thomas Mathes und des braven Ratsmannes Joseph Spahn angeeifert, die den ganzen Nachmittag lang unter Hintansetzung ihres Eigentums und des nackten Lebens viel Kirchengut, ja aus dem Rathause sogar schon glimmende Ratsschriften geborgen hatten, versuchten mehrere Bürger nochmals in das Gotteshaus einzudringen, um noch zu retten, was zu retten war. Doch vergeblich! Das Feuer war vom Dache her und die Türme herab in das Innere gelangt und verbrannte nun die Stiegen, den Chor, die Orgel, die Bänke, Türen und Altäre. Da sie das schöne Gotteshaus so gänzlich den Flammen preisgegeben sahen, da erst wußten die Bürger so recht, wie sehr sie geschlagen worden waren.

Und doch wollte selbst vor dem brennenden Unglück der Tratsch nicht weichen.

Die Menge stand vor der Kirche. Wie von selbst bildete sich um die Heilingötterin, ihre Gesellen und den Lehrbuben Karl Eitelbös ein Kreis, alles sprach davon, wie das Feuer ausgekommen sein könnte und da fielen bald schlimme Reden über die Bewohner von den „drei Mohren“. Die Heilingötterin, ob sie nun durch den überstandenen Schrecken oder weil sie so allein und unbeschützt vom abwesenden Manne allen Unwillen der Mitbürger doppelt empfinden mochte, fühlte sich den fürchterlich drohenden Blicken ausgesetzt und wußte sich keinen Rat. Sollte sie ihr sonst so gutes Mundwerk brauchen, sollte sie niederknien und beten oder sollte sie ihre Mitbürger um Verzeihung bitten? Was konnte sie dafür, daß das Unheil gerade bei ihr, der Unglücklichen, seinen Ausgang genommen? Schon zog einer einen Vergleich mit dem Unglück vom Jahre 1604, an dem ebenfalls Frauen die Schuld getragen hatten. Es wurde erzählt, daß damals die beiden Töchter der Witwe Apollonia Rubendunstin dem Soldatenmarsch zugesehen hätten, darüber auf die Butter über dem Feuer vergessen hätten, wodurch das Feuer ausgekommen. Die Schuldigen mußten damals Karlsbad für immer verlassen. Und dabei schaute man die arme Heilingötterin mit bösen Augen an. Da wollte es der Zufall noch, daß unter den Gesellen, die ebenfalls unter den Anschuldigungen der Bürger litten, ein Streit ausbrach. Und schon war das Wort gefallen. Mochte der häßliche Name vielleicht eine Rolle dabei gespielt haben, kurz, der Lehrjunge, der Eitelbös, sollte Schuld an dem Aufkommen des Feuers tragen. Die Heilingötterin, statt den armen Jungen zu schützen, deutete in ihrer Not selbst mit auf den nun zu weinen beginnenden Knaben. Da hatte die Wut des Volkes die notwendige Ableitung gefunden. Alles fiel über den Knaben her, man schrie und schimpfte, man sprach von Peitschen lassen und Einsperren, und es wäre dem unschuldigen Kinde wohl schlecht ergangen, wenn sich die steinerne Maria Magdalena nicht selbst des Lebens des beschuldigten Kindes angenommen hätte. Das

Feuer hatte nämlich inzwischen den Kitt und Mörtel der Steine zertrieben, die zwischen den Türmen eingemauert waren und auf denen die Kreuz- und Magdalena-Steinstatue gebietend stand. Die Steine gaben nach und die mächtige Statue stürzte herunter. Da besann sich das Volk. Einige führten den Knaben ab und nur die Heilingötterin in ihrer schrecklichen zwiefachen Angst, der Angst um ihr leibliches und ihr Gewissenswohl, zeterte immer noch; „Die Rubendunst mußt' Karlsbad verlassen, auch Eitelbös, das schreckliche Kind, muß mir aus dem Hause!“ Und sie bedachte doch nicht, daß ihr Haus nur Staub und Asche war.

Goethes erster Aufenthalt in Karlsbad

Johannes Urzidil
(*Prag 1896 †1970 Rom)

Als Goethe am 5. Juli 1785 nach viertägiger Reise von Weimar über Wunsiedel, Eger und Zwodau zum erstenmal nach Karlsbad kam, lagen schon zehn Jahre seiner Weimarer Zeit hinter ihm. Hinter ihm lag die Alexandrinerzeit der Schäferspiele, der Sturm und Drang, Götz, Werther, Urfaust, Clavigo, Stella und eine Gesamtheit bedeutender Lyrik, hinter ihm lag eine steile Skala von Leidenschaften, die Schönkopf, die Brion, die Buff, die Schönemann. Das elegante Leipzig hatte der Student als „Klein-Paris“ erlebt, in dem herberen Straßburg mit seiner gotischen Kathedralenmystik hatte ihm Herder den Weg zur Volksdichtung, zu der Größe der Bibel, Homers, Shakespeares und Ossians, zu einem sicheren Deutschtum und zugleich allgemeineren Europäertum erschlossen. Die Wetzlarer Gerichtspraktikantenzeit war längst vergessen, einige Reisen, die längs Lahn und Rhein mit Lavater und Basedow, die nach der Schweiz mit den beiden Grafen Stolberg, die nach dem Harz, und ein Gefüge namhafter literarischer und menschlicher Beziehungen hatten seinen Horizont erweitert. Aus den wilden Eskapaden der ersten Weimarer Zeit war schließlich ein Organisator praktischen Lebens hervorgegangen, der sich mit Bergwesen, Forstwirtschaft und öffentlicher Verwaltung zu beschäftigen hatte. Die Liebe zu Frau von Stein hatte den Höhepunkt ihrer Kurve überschritten und neigte sich allmählich dem Ende zu. Allerlei kleinere Dramen und Drämchen hatte die Weimarer Hofluft und ihr Liebhabertheater veranlaßt. Aber was wichtig und bedeutsam war, Faust, Egmont, Wilhelm Meister, Tasso, Iphigenie, lag in ersten Fassungen, ungerundet, unvollendet im Schubfach. Nur in der Lyrik hatte der Dichter sich völlig seiner Natur gemäß unter dem Andrang des Weimarer Betriebes ausleben können, er war ins Aphoristische des dichterischen Erlebnisses abgedrängt, die vielfachen Ablenkungen ließen ihn den breiten Atem nicht durchhalten, der für den einheitlichen Guß und Abschluß großer Kunstwerke unerläßlich ist. Seine Seele war nicht aequilibriert, er mußte sich gehemmt und unbefriedigt fühlen. Auch Charlotte von Stein, seine Beichtigerin und „Besänftigerin", vermochte, kränkelnd und um sieben Jahre älter als Goethe, den letzten Ausgleich nicht herbeizuführen. In dieser Zeit begannen tiefere Auseinandersetzungen mit Philosophie (Spinoza) und Naturwissenschaft sich anzubahnen und die Annäherung an das Weltbild der klassischen Humanitätsideale sich vorzubereiten.

Dies beiläufig war die geistige Gesamtdisposition, in welcher Goethe, von der kleinen thüringischen Residenzstadt kommend, mit vierzig Louisdors Reisezuschuß vom Herzog ausgestattet, in Karlsbad eintraf, um dort seine Magenbeschwerden und Gichtanfälle an den Beinen zu kurieren, die den überdies körperlich durchaus nicht robusten und eher zum Kränkeln neigenden Mann schmerzhaft quälten. Das „Kaiser Karlsbad" war damals nach dem Stadtbrand von 1759 in neuem Aufblühen begriffen. Auf der „Wiese" (jetzt „Alte Wiese") bewegte sich ein vornehmes Publikum. Vor dem „Springer" oder Sprudel, dem „Neubrunn" und „Mühlbrunn" herrschte regstes Leben. Alte Bürgersfrauen, die Vorgängerinnen der jetzigen adretten Brunnenmädchen, reichten gegen Entgelt die gefüllten Becher, von denen man zwanzig bis dreißig täglich zu sich nahm. Außerdem gebrauchte man Bäder, deren intensivere Anwendung (ein bis zwei Stunden) der berühmte Dr. David Becher (1725-1792) empfohlen hatte. Becher hat sich durch die erste einwandfreie Analyse des Sprudels verdient gemacht und den öffentlichen Verkauf und Vertrieb des Sprudelsalzes trotz mannigfacher Widerstände (man befürchtete Rückgang der Besucherzahl) durchgesetzt. Goethe kam in seinem eigenen Reisewagen und wurde, wie jeder neue Kurgast, gleich beim Einbiegen auf den Marktplatz mit einer Trompetenfanfare des Türmers vom Stadtturm aus „angeblasen", wofür die Frau des Türmers das Trinkgeld abzuholen pflegte, einen Silberzwanziger, wie Goethe verzeichnet. Auch die Zollbediensteten wurzten sogleich den Fremdling. („Den Visitatores 1 Fl 20 xr".) Goethe stieg im „Weißen Hasen" am Anfang der „Wiese" bei der Witwe Sophie Dicast ab, ließ sich in die damals noch geschriebene und von Ratsdienern bei den vornehmen Badegästen vertriebene Badeliste eintragen und sandte einen Lohndiener mit seiner ebenfalls handgeschriebenen Visitenkarte zu jenen Persönlichkeiten, mit denen er in Beziehungen zu treten wünschte.

Goethe, in dessen Begleitung Major von Knebel reiste, fand damals in Karlsbad bereits die regierende Herzogin Louise von Weimar, die Frau von Stein (wohnhaft in „Drei rote Rosen" neben dem „Weißen Hasen"), Herder samt Gattin und andere Freunde und Bekannte aus Weimar vor. „Es war", heißt es in einem Schreiben an Merck, „als ob der thüringische Musenhof plötzlich nach Böhmen versetzt worden". Goethe blieb im ganzen sieben Wochen in Karlsbad, etwa drei Wochen länger als die übrige thüringische Gesellschaft, und scheint sich die Zeit trotz Gicht und Trinkkur superb vertrieben zu haben. „Man ist hier“, schreibt er acht Tage nach seinem Eintreffen an Fritz von Stein, „den ganzen Tag so sehr beschäftiget, ob man gleich eigentlich nichts tut“. Aus den Notizen und Rechnungen Goethes kann man die Art seines Karlsbader Lebens unschwer ablesen. Da wurde Geld ausgegeben „den musici vors plassen am Sprudel 1 Fl“, „den Harfenisten 20 xr“, „vor eine gelbe Rose 1 xr“, „dem Blumenmädchen 1 Fl“, „vor Blumen 24 xr“, „zwei Billetts zum Tanz 2 Fl 20 xr“, „Tanz und Auslagen des Marqueur 2 Fl“ usw. Goethe tanzte wiederholt mit Frau von Stein im „Sächsischen“ und im „Böhmischen Saal“, die an der Stelle des heutigen Puppschen Hotels standen, trank während der Kur unentwegt Wein (Melniker und Ratzersdorfer, später Ungarischen, dann auch mitgebrachten Würzburger oder Ofner), aß Schokolade und die bekannten Karlsbader Gollatschen, nahm Tee und Kaffee mit Brezeln, Semmeln und Zwieback und ließ es sich jedenfalls in jeder Art wohl sein, wie wir aus den Speiselisten entnehmen können. Rindfleisch mit Sardellensauce, Spargel mit Koteletts, Tauben mit Champignons und Knödeln, Rindszunge mit polnischer Sauce, Wildbret, Geflügel, Fische, Rebhühner, Krebse, Trüffel, Blumenkohl, Früchte jeder Art. Nur Tabak, Bier und Schnaps vermied er. Man kochte gut in Böhmen und vielleicht war dies mit ein Grund für die spätere Anhänglichkeit Goethes an dieses Land. Diese wenig kurgemäße Lebensweise scheint ihm recht wohl behagt zu haben, denn er schreibt am 17. August an den Herzog: „Ich bin während meines hiesigen Aufenthaltes in eine solche Faineantise verfallen, die über alle Beschreibung ist. Die Wasser bekommen mir sehr wohl und auch die Notwendigkeit, immer unter Menschen zu sein, hat mir wohl gethan. Manche Rostflecken, die eine zu hartnäckige Einsamkeit über uns bringt, schleifen sich da am besten ab. – Vom Granit durch die ganze Schöpfung durch bis zu den Weibern, alles hat beigetragen, mir den Aufenthalt angenehm und interessant zu machen." Die Bemerkung über die „Rostflecken" zeigt deutlich, wie nötig es der Dichter hatte, über seine bedenklichen Grundstimmungen durch Zerstreuung hinwegzukommen.

Die Karlsbader Gesellschaft bestand damals größtenteils aus Aristokraten, unter denen Polen und Russen dominierten. Im Mittelpunkte standen Fürst Czartoryski, dessen Schwester die Fürstin Lubomirska, die Grafen Potocki und außer den schon genannten Weimarer Persönlichkeiten der Graf Moritz Brühl. Wir besitzen aus dieser Zeit Goethes Bildnis, gemalt für den Grafen Brühl von dem Dänen J. F. A. Darbes, der sich damals in Karlsbad aufhielt: ein feines, schmales Gesicht, gepudertes Haar, Jabot, zierliche Rokokoeleganz. An dem Verkehr mit dem Fürsten Czartoryski und dessen Schwester hatte Goethe offenbar besonderen Gefallen, denn der Fürstin Lubomirska zuliebe verlängert er sogar seinen Aufenthalt um eine Woche, während er zugleich – wenig glaubwürdig – an die bereits abgereiste Frau von Stein schreibt: „Wie leer mir alles nach Deiner Abreise war, kann ich Dir nicht beschreiben. Ich bin schon einigemal die Treppe in den ‚3 Rosen' in Gedanken hinaufgegangen. Ich lebe so fort, trinke und bade über den anderen Tag …" Der Erfolg seiner Badereise scheint gesundheitlich recht bedeutend gewesen zu sein. Jedenfalls schreibt Goethe an Knebel: „Ins Karlsbad gehe ich auf alle Fälle. Ich bin dieser Quelle eine ganz andere Existenz schuldig."

Es versteht sich von selbst, daß während dieses bewegten Badelebens literarisch nicht allzuviel geleistet werden konnte. In den Rechnungen Goethes finden sich zwar wiederholt Vermerke über den Einkauf größerer Mengen Schreib- und Zeichenpapiers, aber außer einigen Gelegenheitsgedichten und Zeichnungen arbeitete er lediglich an der Operette „Scherz, List und Rache", vielleicht auch ein wenig am „Wilhelm Meister". Verschiedenes lenkte ihn in Karlsbad von seinen dichterischen Plänen ab, Neckereien, Maskeraden, Scherze und nicht zuletzt das schöne Geschlecht. „Auch ich habe von den Leiden des jungen Werthers manche Leiden und Freuden unter dieser Zeit gehabt", schreibt er an den Herzog.

Anders verhält es sich um die naturwissenschaftlichen Resultate dieses ersten Besuchs. Die Granitvorkommen um Karlsbad reizten sein Interesse, denn Granit war ihm von allen Gesteinsarten die liebste. Schon 1784 nach seinen Harzreisen hat er sich wissenschaftlich mit diesem Gestein beschäftigt.

Und der ein Jahr später stattfindende erste Besuch Karlsbads und seiner Umgegend wendet ihn endgültig der Geologie und dem naturwissenschaftlichen Bestreben zu, das in dem Anblick der erstaunlichen heißen Quellen neue Nahrung und Anregung finden mußte. Aber außer diesem Zweige der Naturforschung fesselte ihn, der sich damals mit der „Metamorphose der Pflanzen“ beschäftige, in Karlsbad das Studium der Botanik. Auf der Reise in Gesellschaft Knebels hatte er den siebzehnjährigen Sohn des Eisenachers Dr. Friedrich Gottlieb Dietrich auf einer botanischen Exkursion angetroffen und ihn vom Fleck weg als botanischen Begleiter nach Karlsbad engagiert. Der junge Mann ging täglich früh in die Umgebung, um Goethe und seinen Freunden die botanische Ausbeute bei Zeiten, wohlgeordnet und in die entsprechende Linnésche Klasse eingereiht, mitzuteilen. Am 16. August verließ Goethe die gastliche Stadt, um über Joachimsthal und Johanngeorgenstadt heimzureisen.

Aus Griebens Reiseführer

Karlsbad und Umgebung, 1923

Privatwohnungen. Bezüglich einer passenden **Wohnung** braucht derjenige, der sich mit einem Zimmer begnügt, nie in Sorge zu sein. Anders ist es, besonders von Mitte Mai bis Mitte August, mit größeren Wohnungen; diese bestellt man besser schon im voraus. – Ausdrücklich muß hier vor den *„Wohnungsagenten“* gewarnt werden, welche schon auf der Bahn oder am Bahnhofe dem Fremden Wohnungen empfehlen, für die sie nachträglich vom Vermieter, häufig auch vom Mieter, ein Honorar zu erpressen suchen. Das behördlich konzessionierte Wohnungsvermittlungsbüro, Obere Schillerstraße, Haus „Amethyst“, erteilt Kurgästen unentgeltliche Auskunft. ...

Der **Mietzins** wird, fast ohne Ausnahme, nach Wochen berechnet. Die Höhe desselben ist sehr verschieden, je nach der Lage und Ausstattung. Am gesuchtesten sind die besteingerichteten Wohnungen auf der Alten und Neuen Wiese, Marienbader Straße, Markt, Schloßplatz, Parkstraße, Gartenzeile und Westend. Wer sparen und doch dabei in vornehmeren Quartieren wohnen will, besuche Karlsbad zur Vor- oder Nachsaison (April u. Oktober), in welchem Falle er nicht die Hälfte von der Miete zahlt, die er in hoher Saison zahlen müßte. Doch sei ausdrücklich bemerkt, daß selbst in der Hochsaison in der Morgenzeile, Andreas-, Prager-, Schul-, und Theater-Gasse, ferner in der Panorama- und Hauptstraße usw. für Kurgäste stets Zimmer zu annehmbaren Preisen zu haben sind, welche an Komfort und Aufmerksamkeit der Bedienung nichts zu wünschen übriglassen.

Ganz Karlsbad ein Schauladen

Erwin Guido Kolbenheyer
(*1878 Budapest †1962 München)

Für den andern Morgen wünschte der Herzog nur seinen Minister zur Begleitung. Er hatte die Heilquellen besichtigt; auch er wollte eine Kur versuchen und sollte, wie üblich, die ersten beiden Tage der Erholung von der Reise und einer gewissen körperlichen Vorbereitung abwarten, stand also noch nicht unter der allgemeinen Tagesordnung.

Goethe unterbrach die eigene und stellte sich seinem Herren, der mit dem besonderen Völklein Fühlung nehmen wollte, das dieses freundliche Tal für alle Welt bereithielt.

Mußte es nicht ein eigener Menschenschlag geworden sein? Es hatte den Alltag eines kleinstädtischen Bürgertums mit der fast weltläufigen Gewandtheit von Wirten anspruchsvoller Gäste zu verbinden. Kein beträchtliches Gasthaus bestand in dem Städtchen, es war ein großes, unter alle Dächer verteiltes Gasthaus selbst. Das Wesen des geschlossenen und in dem Heimleben der Familien gegründeten Hausstandes war da irgendwie durchbrochen. Ein merkwürdiges Zeichen dafür: die meisten Häuser der ‚Wiese' standen untereinander durch Türen in Verbindung, so daß man von den Stockwerken des einen in die der andern gelangen konnte. Dies Aufgetane, Gelöste, eine Preisgabe fast von Dach und Fach an die Öffentlichkeit, mußte auf die Einwohner selbst wirksam geworden sein. Sie lebten gleichsam unter einer doppelten Haltung. Die Eigenart des innersten Kreises, der sich um Vater, Mutter und die Kinder schließt mit aller Liebe und aller Not, mit Glück und Gram, Fröhlichkeit und Ärger, war in die Verschwiegenheit der dürftigen Räume gezwängt, die man sich in einem sonst jedermann bereiten Hause gönnte, und war darum etwas Heimlicheres, Gedeckteres und Verhalteneres geworden auch Freunden und Anverwandten gegenüber, zumal hier Freundschaft und Verwandtschaft in den wenigen

Jahrhunderten der Besiedelung fast gleichbedeutend geworden waren, da die Stadt durch Heirat immer enger verwuchs. Die einzelnen Hauswesen mochten sich unter Vorbehalt der Eigenart untereinander verhalten, wie sonst die einzelnen Glieder einer großen Familie in gemeinsamer Häuslichkeit.

Und dieses eigentümliche, Neugier erregende Zwielicht zwischen Preisgabe und Zurückhaltung ließ die Augen eines Fremden, der nicht nur Heilung, Annehmlichkeit und Vergnügen suchte, sondern auch an den Menschen seiner Gaststätte zurechtfinden wollte, schon bei der ersten Berührung mit ihnen etwas schärfer beobachten. Die Bürger dieses Tales trugen nicht ohne gewisse spielerische Gewandtheit einen öffentlichen Charakter an sich, der, am selben Zwecke gebildet, zu einer abgeschliffenen und alle Besonderheit überdeckenden Gleichform geraten war. Unter wessen Tür der Fremde auch immer trat, er fand die Hausfrau, den Mann und die Kinder an Mienen und Worten gleich höflich, bereitwillig, artig und dienstbeflissen und merkte doch, daß man ihm in der Erwartung begegne, die angenehme Haltung, abgesehen von aller Pünktlichkeit und Willigkeit eines wohlbestellten Reisesäckels, ebenso freimütig und wohlgesinnt erwidert zu sehen.

Das konnten also nicht mehr jene Hausleute sein, die von dem kaiserlichen Gründer des Kurortes bestellt worden waren, einer Herrschaft die Kurgelegenheiten zu bereiten und zu hüten. Mochten vornehme Gäste mit weitläufiger Dienerschaft, eigener Küche, eigener Musik und dem besten Teil ihres Stalles kommen und eine ganze Anzahl Häuser zur Miete nehmen, und hielten sie immerhin ihre Standeszirkel strenge geschlossen, und blieben den Einwohnern auch jene Festlichkeiten verwehrt, die man zuweilen für alle Kurgäste unangesehen des Standes gab – das Bürgertum des Bades hatte die selbstgewisse Haltung des Besitzes und eines Wohlstandes gewonnen, der sich seines Ursprunges bewußt bleibt. Das Bürgertum stand der fremden Herrschaft mit dem erwartungsvollen Freimut eines Gewährenlassens gegenüber und konnte darum nicht nur vorteilsfreudig, sondern auch herzlich wohlgesinnt wünschen, daß man sich nach Art ausschließender Stände behage und wohlfühle in Haus und Saal, an den Quellen und in der Natur, so wohl, als wäre man unter eigenem Dache, auf eigenem Grund und Boden. Und das steigerte auch bei den Gästen die Lust am Gönnertum. Der begüterte Adel zeigte sich zu festlicher Fröhlichkeit bereit, die Geld unter die Leute brachte, legte Promenaden in den Waldbergen an und zierte sie durch freundliche Ruhesitze und Denkmale, als sei ihm Karlsbad erblich und eigen. Allein nicht ohne Nachteil paßt sich ein Gemeinwesen dem Behagen anspruchsvoller Fremder an, die zur Heilung ihrer Leiden auch den geselligen Genuß suchen. Man gab nicht nur um eines leichtfälligen Gewinnes willen sein Haus hin und zwängte das Leben der Familie ein, man gewöhnte sich nicht nur daran, die rasche Hand verschwenderischer

Kavaliere, den üppigen Putz der Damen und die Weitläufigkeit der Dienerschaft als Zeichen einer vornehmen und bewundernswerten Lebenshaltung zu betrachten, sondern man stellte die eigene Tätigkeit ganz und gar in den Dienst jenes Gönnertums, das, lüstern und verwöhnt, nur von besonderer Gefälligkeit und Kunst angezogen wurde.

Die Frauen bereiteten ihr Haus für die Fremden und hatten zierlich gesetzte Worte zu gebrauchen gelernt, und die Männer, wo nicht ihre Arbeit der einfachen Notdurft des Lebens diente, waren Werkmeister eines Gewerbes geworden, das nicht mehr für die Heimat bestimmt war. Man lebte und schaffte für Menschen, die kamen und gingen und forttrugen, für Stände, denen man sich unterordnet fühlte. Es gab Garköche, die es mit den Meistern berühmter Küchen aufnehmen konnten, sie nannten sich Traiteurs; in den Erfrischungsräumen des ‚Goldenen Elefanten' oder des ‚Pomeranzenbaumes' konnten Weine gereicht werden, gut und teuer und nicht für die Kehlen der Karlsbader; die Zuckerbäcker der beiden Säle waren auch von weitgereisten, die ihre Herrschaft begleiteten, nicht zu übertreffen. Zu ihnen kamen noch zahlreiche Pfefferküchler und auch die Wachszieher, deren Kerzen Bälle und Schmausereien festlicher machten, deren Fackeln nächtliche Gassationen der Kavaliere begleiteten, die mit Hall und Schall das Tal füllten und aufgestörte Schläfer an die Fenstergardinen trieben. Doch derlei Bereiter eines guten Bissens und Helfer festlicher Gelegenheiten gab es überall.

Was Ruf und Zuspruch über Karlsbad hinaus auf den Märkten von Prag, Leipzig, selbst Wien gewonnen hatte, war ein Feingewerbe mancher Art, das seinen Meistern den Ehrennamen eines Künstlers mit gutem Rechte eintrug. Ein Dritteil der Bürgerhäuser barg solche Werkstätten, und es gehörte zu den anregenden Zerstreuungen der Badegäste, frei einzutreten, die Künstler bei ihrer Arbeit zu beobachten, nicht selten auch Unterweisung zu nehmen und selbst Hand anzulegen. Besonderen Ruf genossen Kunsttischler, Zinngießer, Büchsenmacher, Eisenschlosser, Messerschmiede und Schwertfeger.

Ganz Karlsbad war ihr Schauladen. Denn in den Stockwerken der Häuser standen die saubergearbeiteten, zierlichen Politurmöbel, geschmackvoll mit verschiedenen Holzarten ausgelegt und berändert, zur Miete; die Hausfrau und ihre Töchter bestellten die Tische der Fremden mit feinem Porzellan und einem Zinn, dessen silberne Weiße und anmutige Gußformen berühmt waren, und sie legten ein Tafelzeug auf, dessen *argent haché* der feinsten englischen Platenierkunst nichts nachgab. All dies Gerät war heimische Arbeit, auch das Porzellan stammte aus der Nähe. In den schönsten Räumen des Hauses stand, was an Besitztum kunstvoll und edel bereitet war, und lockte die Lust zu Kauf und Bestellung. Zur Musterung, zur Miete stand es und wurde im Gebrauche der Fremden ihnen, die es gemacht hatten und besaßen, fremd. Auch die Werkstatt der Väter, die Seele der Bürgerwohnung, war voll von dem Geiste, der eines Lebens Kunstfertigkeit und Schaffenstreue für den Gönner freihält, der irgendwoher kommt, in einer Laune des Wohlgefallens bezahlt und fortnimmt, ohne des Meisters weiter zu gedenken. Was da geschmiedet, damasziert, gefeilt, graviert, mit Gold und Silber ausgelegt, geschnitzt, geschliffen und gedrechselt wurde, war für die andern bestimmt, die Vorübergehenden, die keiner Mühe Dank bewahrten. Und das Spielerische der Galanterie haftete allem an, mochte das Gerät noch so gediegen erstellt sein. Unter solchen Betrachtungen geleitete Goethe den Herzog durch die Gassen. Sie blieben vor manchem Hause stehen und sahen durch die Fenster auf die fleißigen Hände über den Werktischen. „Das Siedlertum, das ihnen noch im Blute steckt, mag die Leute so willfährig machen“, meinte Goethe. „ Sie haben sich nicht aus Bauern zum Städter entwickelt, haben nicht erst den Boden gewinnen müssen, haben nur das Haus auf der Scholle erhalten. Alle Beharrlichkeit und Treue des Volkes liegt in der Erde. Es soll kaum ein Dutzend Generationen her sein, seit die ersten Badstuben gebaut worden sind, und die Leute, die sie offen gehalten, haben ihr Stück Heimat verlassen, fremder Gäste, fast des Trinkgeldes wegen. Ein Dutzend Geschlechter ist eine kurze Frist, und die Bewegung des Kommens und Gehens zugleich mit dem Begehren, schnelle Wochen bei guter Laune zu vertun, ist ihnen allzu eindringlich vor Augen gestellt. Sie haben die bäurische Schlichtheit und die Eindeutigkeit des Charakters nicht gewinnen können.“

Der Herzog lächelte. Er verstand den lehrhaften Unterton des Mentors seiner Sturmzeiten. Auch er fand nicht mehr den ungeteilten Beifall des Herren Geheimerates von Goethe. Seine Winterreise zum Potsdamer Alten, der seiner Gruft entgegenstöckerte und doch das starke Zeichen eines überstaatlichen Willens blieb, und seine Reise im Mai zur Truppenrevue nach Magdeburg war ihm zuwider gewesen, dem Minister, Poeten und Partikularisten, der in jeder Bindung eine Gefahr für das Individuum sah, des Freiheit ihm über allem stand - dem Bürger Goethe, dem ein Verlangen nach umhegter Übersichtlichkeit im Blute stak und die Weite einer geeinten deutschen Nation uferlos schien. Allein vergaß der Mentor nicht bei all der trefflichen Moral über ein erbmäßiges Verhängnis etlicher Siedlergenerationen, daß mit anderem Blute ein Erbmäßiges von Militärs überkommen sein konnte? Er hätte ihm gerne die Kürassierstiefel seines Inhaberregimentes mit Filzpantoffeln vertauscht, die an Weimarischen Kaminen gewärmt werden sollten, schöngeistige Konventikel behaglicher zu machen.

Sie kamen von dem Messerschmiede Damm ‚Zu den drei Staffeln', dem Nachbar des Goethischen Logis, die Wiese aufwärtsschreitend, an eine Nadlerwerkstätte, deren es in Karlsbad bei zwanzig geben mochte. Das Haus hieß ‚Zum guten Hirten' und dem Herzog fiel der Name des Meisters, Pittroff, auf. Goethe vermutete, daß hier ein Vorvater, der unter dem Gefolge des Zaren Peter gestanden habe, an der Tepel zurückgeblieben sei. Sie traten ein und wurden gefällig an die Werktische geführt. – Man schnitt ein Stück Stahldraht zurecht, steckte an beide Enden je von der Windung eines Spiraldrahtes so viel, als für den Nadelkopf genügte, und schlug den Kopf mit einem Hammer fest, der mit dem Fuß getrieben wurde. Dann wurde das Drahtstück in der Mitte geteilt, und man gab die beiden Nadeln zum Schleifen und Polieren weiter. An den letzten Tischen wurden die fertigen Stücke nach ihrer Größe geordnet und in sauberen Reihen durch buntes Glanzpapier geheftet, das man zu Briefen faltete. Die Hurtigkeit und Sorgfalt der Werkstatt gefielen dem Herzog und er zeigte Lust, selbst einmal zuzulangen, vielleicht auch durch jene Vermutung Goethes gereizt, es ein wenig dem werktätigen Zaren gleichzutun, dessen Gedächtnis hier hoch in Ehren stand. Meister Pittroff wußte sich schlicht und unbekümmert zu geben, lockte die hohe Herrschaft nicht aus der kommoden Haltung und pflegte deren Wohlgefallen an seiner freudigen Urtümlichkeit. Es gelang dem Herzog, unmerklich und geschickt beholfen, ein Nadelpaar, allein er steckte es zur Enttäuschung des Meisters lachend in seinen Rockaufschlag, ließ wohl einen Taler auf den Schleiftisch fallen, aber der Taler war keine Entschädigung für das entzogene Erinnerungsstück. „Meinst du, daß er uns erkannt hat“, fragte der Herzog, als die Tür wieder ins Schloß gefallen war.

„Er hat Sie erkannt, er kennt ja auch mich. Sie wissen sich zu führen, unsre lieben Karlsbader.“

Am ‚Goldenen Greifen‘ kamen sie an die Fenster der Madame Paul, einer Prager *Marchande de modes*, die mit ihren bunten Waren für den Sommer zuzog. Goethe wußte von ihrer Geschicklichkeit zu erzählen: sie vermöge mit ihren Mamsellen noch in letzter Stunde vor einem Balle ein Kleid zu ändern und auf das modischeste zu putzen. Man sah in den beiden Fenstern allerlei Hübsches zu Hut und Gewand: Bänder, Flöre, Gaze d'Italie, Halstücher, Schleier, Volants, Gürtel, Hauben, Schnallen dabei und Berloquen, Foujou, aber auch gediegenere Goldware, Flacons mit Wohlgerüchen, Chignon- und Frisierkämme, Putzfedern, Handschuhe, Parasols und Parapluis und hinter den Fenstern zwischen den hohen Hut- und Haubenstöcken die frischen Gesichter der Mädchen, die unter Geschwätz und blanken Seitenblicken auf die Kavaliere ihr hurtiges Nadelwerk führten. Etliche zierliche Herren- und Damenstöcke, die in einer Fensterecke lehnten, erinnerten den Herzog an ein Vorhaben.

Er hatte seinen Degen ablegen müssen, um sich dem strenge gehüteten Brauch des Ortes zu fügen, der keine Waffe an der Hüfte duldete, und wollte einen Badestock kaufen, den man hier auch „bei großem Putz“ trug. Vielleicht hielten ihn die Betrachtungen ab, die Goethe über die Unmoral einer Allerweltsgefälligkeit angestellt hatte, bei Madame Paul einzutreten und deren Mamsellenvolk näher zu besichtigen. Er wandte sich von den Fenstern, und ein leises Gefühl ließ ihn gewahr werden, daß er nicht nur der Weimarer Wochenstube entflohen, sondern auch seinem Goethe in einer versteckten Anwandlung gefolgt war. Er hatte in Weimar den Abschied versäumt, und aus den letzten Grußworten, die ihm von Jena gesandt worden waren, klang ein rätselvoller Ton, als könne der Abschied auf lange gelten. Es waren zehn Jahre einer lauteren Menschennähe gewesen über all der glatten Fläche seins Hofes.

Karl August hatte nahebei einen Kaufmann im Gedächtnisse bei der ‚Schönen Königin'. Dort wurde alles geführt, was man brauchte. Der Herzog griff einen Stock von dickem spanischem Rohr mit Goldknauf aus dem Bündel, das der Kaufmann ihm diensteifrig in beiden Armen zutrug. Im Winkel hatte er aber auch etliche schlanke Barouchepeitschen bemerkt. Er mochte seinen Begleiter an jene Zeit erinnern wollen, da man unter den himmelnden Augen des Hofstaates mit Klappern und Klirren und Stimmenhall durch die Weimarer Gassen auf den Platz gesprengt war und vor dem Gewölbe des Riemenschneiders, umstanden von der kläffenden Meute, die Goethen schon damals auf die Nerven ging, Hetzpeitschen probiert hatte. Er wies auf die Peitschen, winkte dem Kaufmanne hinaus und ließ die Peitschen vor den erstaunten Gesichtern der Kurgäste, die in weitem Bogen auswichen, über die ‚Wiese' hinknallen, nötigte auch dem Minister etliche auf, so daß dieser mit gespreizten Beinen Stellung nehmen und seinem Herrn nachtun mußte. Goethe begriff, daß es dermalen nicht weiter auf tiefsinnige Betrachtungen ankäme, und fügte sich ohne Bedenken, bis die besten Stücke ausgewählt waren.

Der Herzog wünschte noch einen Büchsenmacher zu besuchen. Es sollte über ein Dutzend in Karlsbad geben, und Brühl hatte sie ihm selbst über Werkstätten von Dresden, Halle und Leipzig gepriesen.

„Bei den Lusthäusern in der Allee", sagte Goethe.

„Ich habe zwei Läden gesehen", bestätigte der Herzog.

„Wir gehen zu Meister Roscher. Er ist berühmt, Sie werden erfreut sein."

Und der Herzog fand ein lautes Gefallen besonders an den *fusils á vent*, die Meister Roscher mit unübertrefflicher Kunstfertigkeit herzustellen vermochte. Es waren Windbüchsen, deren Rezipient im Kolben lag, sie vermochten ohne neue Ladung vierundzwanzig Schüsse zu repetieren. Der Herzog geriet in Eifer, denn er wußte, daß in Österreich eigene Kompanien mit Windbüchsen ausgerüstet würden. Er sah sie gleichsam im Arsenal der Armee, gegen die ein deutscher Fürstenbund Stellung nehmen sollte. Er prüfte sachkundig die Arbeit des Laufes und der Zündkammer, Lauf und Rezipient waren aus Kupfer geschmiedet, sie bedurften besonderer Sorgfalt, um die Gefahr des Platzens beim Laden und Schießen zu verringern. Man versprach ein besonderes Stück während des Aufenthaltes zu fertigen, daß es noch im Schießhause auf dem Wiesenberge erprobt werden könne.

Da der Herzog den Schmuck selbst anzugeben wünschte, empfahl man ihm einen Büchsenschiftler in der Prager Gasse, der der geschickteste Bildhauer sei. So gingen sie zunächst in die Werkstatt des Meisters Roscher unter der Andreaskirche und wurden dann von diesem selbst zu dem Schiftler geführt. Es war der Vormittag vergangen, und die Laune des Herzogs an der Seite seines ruhevoll blickenden Freundes über Peitschen und Waffen frei von der Ungeduld geworden, die sie sonst leicht trübte.

Er meinte, als sie unter der Kirchenstiege an dem Häuschen vorüberkamen, aus dem die Salzpfannen dampften, die ihrem Doktor Becher so viel Mißgunst seiner Mitbürger eintrugen:

„Man soll nicht allzuschwere Philosophie an die Leute wenden, lieber Goethe. So lange sie einem Handwerk treu bleiben, werden sie sich nicht an das Fremde verlieren. Handwerk ist auch ein Stück Boden, subtiler, imaginärer vielleicht als der, über den der Pflug geht, aber doch auch ein Grund."

Da berichtete Goethe seinem Herrn, indes sie auf dem Platze vor dem Sprudelsaale langsam auf und niederschritten, um noch eine kurze Weile hinzubringen, von den Widerwärtigkeiten, die man dem berühmten Arzte und Gelehrten bereite, dessen Dach sie sehen konnten, und er kam zu einem andern Schluß als der Herzog.

„All der gefällige Wohlstand und die Kunstfertigkeit dieser Bürger hat etwas von der Leichtfertigkeit des Spieles, das eine geheime Angst überdeckt, an die niemand rühren möge. Wir gehen hier nicht auf Felsgrund oder gewöhnlichem Boden, wir gehen auf einer Tuffschale, die der dämonische Quell sich selbst überwölbt hat. Sehen Sie unter dem Steg: ein Balken- und Mauerwerk im Flußbette. Man sucht den Quellgeist einzumauern, sein Gewölb vor Erosion zu bewahren, daß es nicht allzu dünn werde. Und doch ist man seiner nie Herr und sicher geworden. Das Eiweiß zahlloser Schock Eier hat man unter den Kalk gemengt, ein Zement besonderer Festigkeit zu gewinnen, aber aller Kitt versagt. Da liegt die geheimste Angst dieser Bürger, die nie erlischt. Und eine andere, nicht minder quälende: es könnte der Zuzug der Gäste stocken oder versiegen, die andere Quelle des Wohlstandes, ebenso ungewiß und wie die heiße Wasserader einem unlenkbaren Schicksale überantwortet. Seit Doktor Becher hier Salz siedet, ist man hinter ihm her, und nichts will die Bürger beruhigen. Über den Salzverschleiß und seine Ausfuhr stecken sie die Köpfe heimlich zusammen, weil weder tätliche Bedrohung noch Schmähschrift und Beschwerden fruchten, denn der Doktor hat seine erlauchten Gönner in Wien."

Da mußte der Herzog das Salzhaus sehen, und Goethe wies den Lakaien an, der ihnen gefolgt war, daß er von dem Doktor den Schlüssel und eine Person verlange, die ihnen zur Erklärung dienlich sei.

Im Sudhause lag ein verdecktes Wasserbehältnis, etliche Ellen lang und breit, eine Elle hoch, aus Brettern gefügt. Zehn mäßiggroße, verbleite

Blechkessel waren in den Deckel eingelassen und genau angepaßt: das ständig zu- und abströmende Sprudelwasser, das sie umspülte, sollte nicht erkalten. In den Kesseln, von einer leichten Kalkhaut bedeckt, dampfte das Sprudelwasser zu Sole ein.

„Ein Kessel verdampfet in Tag und Nacht zwanzich Seideln, des gibt zwo Lot Salz, alsdann geben alle zehen auf ein Jahr dritthalbhunnat Lot", erklärte der Diener des Doktor Becher, sehr um seine wohlgesetzte Sprache bemüht. Doch er setzte vertraulicher hinzu: „Des is fei a Brockn Geld, halten zu Gnaden, die Herrn Exlenz." Sie hielten zu Gnaden, gaben ein Trinkgeld und entfernten sich unter weiteren Betrachtungen über die sonderliche Natur des Sprudels und der Menschen, die er aus seinen Karlsbadern gemacht hatte.

Aufzeichnungen aus Karlsbad - 1823

Johann Wolfgang Goethe
(*1749 Frankfurt am Main †1832 Weimar)

August 25, Karlsbad
Gegen 4 Uhr in Karlsbad ... Meldung bei Frau v. Levetzow. Über ihr im 2. Stock vom „Goldenen Strauß" eingezogen. Schönes Quartier, schöne Aussicht.

August 26, Karlsbad
Mit der Familie gefrühstückt. Sodann für mich bis halb 2 Uhr. Nachher Almanache und andere kleine Kupfer mit Ulriken. ... Zenigeo, der Dicke, Seltsame und gewissermaßen Geheimnisvolle.

August 27, Karlsbad
Graf Zenigeo, auf Ameliens v. Levetzow Neckereien, einen Tanztee im Sächsischen Saal, wo man vorher sitzend Tee trank und viele Süßigkeiten genoß. Die guten Tänzerinnen und Tänzer, deren nicht viel waren, kamen nicht vom Platze. Mir entstand bei dieser Gelegenheit das Angenehme, daß ich die bedeutenden, hier sich noch aufhaltenden Personen kennenlernte ... Zu der Schlußpolonaise forderte mich eine polnische Dame zum Tanz auf, den ich mit ihr herumschlich und mir nach und nach beim Damenwechsel die meisten hübschen Kinder in die Hand kamen. Nach 10 Uhr Schicht. Beim Abendessen noch lange zusammen.

August 28, Karlsbad
Früh aufgestanden. Meist reiner Himmel, wenig Wolken am Horizont. Man eilte, um 7 Uhr fortfahren zu können. Gegen 9 Uhr kamen wir in Elbogen an. Der Himmel hatte sich überzogen. Eine halbe Stunde mochte die Fahrt heißer gewesen sein. Im „Weißen Roß“ eingekehrt, wo Stadelmann alles gestern bestellt hatte. Großer Spaziergang erst am rechten Ufer der Eger, durch die neuen Felsengänge. Bertha v. Levetzow mit dem Gestein beschäftigt. Zuletzt sehr warm.

Rückkehrend fanden wir Stadelmann und John, die mit dem Dessert angekommen waren. Lieber Brief von meinem Sohn. Glasbecher mit den drei Namen und dem Datum. Die Marienbader Geschichten rekapituliert und andere. Auf's Rathaus, den Meteorstein zu sehen. In die Porcellainfabrik. Erhielt Zwillings-Kristalle. Nach 6 Uhr abgefahren, bei kühler Luft und besonders gegen Nordost am Horizont bedecktem Himmel. Glücklich zurückgekehrt bei einbrechender Nacht … Freundlichster Abschied.

August 30, Karlsbad
In dem Höfchen. Zu Tische. Um 4 Uhr ausgefahren auf Engelhaus. Ringsumwölkter Himmel. Auf dem Erzgebirge gingen Regengüsse nieder, es donnerte in der Ferne. Das alte Schloß bestiegen. Wunderliche Abenteuer. Großes Gelächter. Die Dreifaltigkeitskapelle. Eingedenk des fehlenden Gottvaters. Strafe des Kirchenraubs. Fortgesetzte Lustigkeit. Auf dem Straßen-Hause späten Kaffee. Anlässe zu Spaß und Spott. Bei dem herrlichsten Wetter nach Hause. Karlsbad mit Zimmerlichtern und Straßenlaternen. Heitere Verwechslung der Sterne. Um 9 Uhr angelangt. Neue Projekte. Man blieb noch lange beisammen.

August 31, Karlsbad
Abends in der Komödie. „Simson", eine Art Melodrama, an und für sich abscheulich; die Vorstellung noch abscheulicher. … Nachts. … Blieb mit Frau v. Levetzow und Ulriken in vielfachen Erinnerungen.

Blick auf die Kurstadt Karlsbad.

September 1, Karlsbad
Abends las Bertha die ersten Kapitel des „Schwarzen Zwerges“, sehr artig. Könnte durch Unterricht leicht zur Vollkommenheit gelangen. ... Allgemeine Müdigkeit. Früh auseinander.

September 3, Karlsbad
Abends Ulrike fuhr fort, den „Schwarzen Zwerg“ zu lesen, im Ganzen natürlich und gut; sie müßte sich zu mehr Energie und Darstellungs-Lebhaftigkeit bequemen. Man blieb beisammen, Amelie voller Torheiten.

September 4, Karlsbad
Abends mit der Familie. Jugend-Einzelheiten der Töchter. Amelie erschien dabei sehr verständig. Die Mängel ihrer Pensionslehrerin hervorhebend.

September 5, Karlsbad, Schloß Hartenberg
Früh alles gepackt. Kam Rat Grüners Wagen, dem die sämtlichen Steine aufgeladen wurden; auch mein Wagen fuhr ab. Stadelmann besorgte einige Abschiedsvisiten. Graf Taufkirchen. Als sich der entfernt hatte, allgemeiner, etwas tumultuarischer Abschied. Ich ging bis zum „Goldenen Löwen“, wo ich den Wagen traf. Abgefahren nach 9 Uhr. Bei kaltem Westwinde heiteres Wetter, viel aufgeregter Staub. Halb 1 Uhr in Zwotau. ... Abschrift eines Gedichtes. Nach 5 Uhr in Hartenberg.

Aus Griebens Reiseführer

Karlsbad und Umgebung, 1923

Andenken. Sprudelprodukte, auch in vielen Verkaufsläden, bilden eine Spezialität der Karlsbader Industrie und eignen sich als Andenken an Karlsbad. Jeden Tag (außer Sonntag) mittags 12 Uhr können Fremde zusehen, wie die Gegenstände zur Versinterung gelangen.

Karlsbader **Oblaten**, ein beliebtes Gebäck, haben großen Ruf und werden vielfach als Geschenk mitgenommen. Beliebteste Oblaten-Bäckereien: *Minna Bernhart*, im Hause „Wiener Neustadt"; *Karl Bayer* auf der Alten Wiese und Kreuzstraße; Luxusbäckerei *Eduard Glaser*, Marktplatz; *Konditorei Schmelzer*, gegenüber dem Orpheum; *K. Funk*, Pragergasse; *Karl Steinwasser*, Mühlbrunnstraße; *R. Uhl-Breunig*, Alte Wiese. Außerdem beschäftigen sich noch viele andere Geschäfte mit der Oblaten-Herstellung.

Der Neubrunnen

Theodor Körner
(*1791 Dresden †1813 Gadebusch)

Wie sie wogt die bunte Menge,
Wie sich alles drängt und treibt,
Wie jede liebliche Gestalt
Flüchtig vorüberwallt
Und keine schöne Gruppe bleibt.
Dort wo der Brunnen dampfend quillt,
Wird der Becher gefüllt;
Da drängt sich die Menge hastig hinzu.
Und kommt und geht ohne Rast und Ruh;

Bald wogt sie näher, bald wogt sie fern,
Viel schöne Kinder, viel artige Herrn,
Ein matter Greis, eine schwache Matrone,
Alle kosten den heilsamen Trank,
Doch gehört es bei vielen zum guten Tone,
Die meisten sind nur an Langerweile krank.
Aber siehst du jene süße Gestalt,
Die dort im bunten Schwarme
Leichtschwebend vorüberwallt,
Wie sie mit leicht gehobnem Arme,
Von allen Reizen der Anmut geziert,
Den Becher zur rosigen Lippe führt? -
Wie das Auge so blau und frühlingsklar,
Der Mund so lieblich, so golden das Haar,
Die Brust so voll, der Nacken so weiß! -
Ach im Herzen brennt es mir glühend heiß,
Im lichten Zauberreich der Gesänge
Schwelgt die begeisterte Phantasie,
Aus meinem Blick verschwindet die Menge,
Und ich sehe nur sie.

Schiller in der Sprudelstadt

Anonymus

Da er nur einmal wenige Wochen an den Quellen von Karlsbad weilte (9. Juli bis 6. August 1791), konnte er begreiflicherweise mit der Stadt und ihren Bewohnern nicht so feste und Jahrzehnte währende Bande freundschaftlicher Gesinnung knüpfen wie dies bei Goethe in Erscheinung tritt.

Der Dichter wohnte damals samt seiner Begleitung, seiner Frau Lotte, seiner Schwägerin Karoline von Beulwitz und dem Arzte Dr. Ferdinand Eicke aus Jena im Hause „Weißer Schwan“ in der Sprudelgasse Nr. 35, das heute noch in unveränderter Gestalt erhalten ist. Es trägt seit dem Jahre 1868 an der Teplseite eine schwarze Marmortafel mit der Inschrift: „Zur Erinnerung an Schillers Aufenthalt in Karlsbad“. Darüber befindet sich Schillers Kopf im Hochrelief, von einem vergoldeten Lorbeerkranze umrahmt.

Zu Anfang des Jahres 1791 befiel Schiller ein schweres Brustleiden, das seinen Körper zeitlebens schwächte. Schillers Hausarzt, Hofrat Dr. Starke aus Jena, empfahl ihm eine Karlsbader Brunnenkur. Der Dichter setzte große Hoffnungen auf diese, da sich in ihm mehr und mehr die Überzeugung festigte, daß die Wurzel des Übels in einem Unterleibsleiden zu suchen sei. Wie schlimm es um ihn kurz vor seiner Abreise stand, erfahren wir aus einem Briefe, den er durch seine Frau an seinen Verleger Göschen am 3. Juli schreiben ließ: „Gegenwärtig bin ich nicht einmal so weit, ein Buch oder nur einen Brief zu lesen, viel weniger zu schreiben. Vielleicht stellt mich Karlsbad, wohin ich in 6 Tagen reise, früher wieder her, als ich jetzt hoffen kann.“

Damit Schiller auch während der Reise einer ärztlichen Hilfe nicht entbehrte, schickte Hofrat Dr. Starke seinen Assistenten Dr. Eicke als

Begleiter mit. Gar manchmal mußte dieser auf der Fahrt im Wagen den Patienten bei seinen asthmatischen Anfällen emporheben und stützen.

In Karlsbad fehlte es nicht an Bekannten, die gleichzeitig hier anwesend waren. So traf Schiller daselbst auch seinen Verleger Georg Göschen, mit dem er fleißig verkehrte, desgleichen Herder mit Frau und Tochter, die im „Goldenen Fasan" (heute „Café Elefant") wohnten.

Nach dem Zeugnis Dr. Eickes pflegten Lotte und ihre Schwester den Kranken mit der denkbar größten Liebe und Hingebung. Es zeigte sich auch bald die heilsame Wirkung der heißen Wässer.

Sonst lebte der Dichter in Karlsbad, wie Karoline von Wolzogen in ihrer Schillerbiographie berichtet, „sehr eingezogen". Gleich darauf bemerkt sie jedoch: „Die Bekanntschaft mit einigen bedeutenden österreichischen Kriegern interessierte ihn und gab ihm neue Ansichten dieses Standes, in den er seines Wallensteins wegen gerne hineinschaute." Tatsächlich weilten damals fünf österreichische Generale und einige Stabsoffiziere in der Sprudelstadt.

Schillers Distichon mit der Überschrift „Gesundbrunnen in ++", das von den Erklärern gerne auf Karlsbad gedeutet wird, stammt aus einer späteren Zeit (1796). Es fehlt auch jeglicher Beweis für die Richtigkeit dieser Deutung.

Nach Beendigung der Kur schlug Schiller nicht den geraden Weg über Hof nach Jena ein, sondern reiste am 6. August nach Eger und nahm hier für kurze Zeit Aufenthalt, um das Wallensteinhaus und das Zimmer, in dem der Feldherr ermordet worden war, sowie ein Bild Wallensteins in Augenschein zu nehmen. Diese Umstände lassen erkennen, daß sich sein Befinden gebessert hatte.

Völlige Genesung fand Schiller nicht, aber er war nach seiner Rückkehr in die Heimat doch wieder so weit hergestellt, daß er am 6. September 1791 von Erfurt aus an Gottfried Körner schreiben konnte: „Die Kräfte nehmen zu und man findet mich auch viel frischer aussehend." Auch in einem Briefe an Wieland (Jena 3. Oktober 1791) hebt er die gute Wirkung der Heilwässer hervor: „Seit dem Gebrauche des Karlsbads und des Egerbrunnens* habe ich mich um vieles gebessert." Übrigens, daß dem Dichter noch fast vierzehn Jahre schaffensreichen Lebens gegönnt waren, beweist, daß die Quellen von Karlsbad seinen Gesundheitszustand sehr wohltuend beeinflußt haben.

In dankbarer Erinnerung an den Aufenthalt Schillers in Karlsbad errichtete die Stadt im Jahre 1909 beim Eingang der Posthofpromenade ein von dem Wiener Architekten Friedrich Ohmann entworfenes und von dem Bildhauer Max Hiller mit dem Haupte des Dichters in Flachrelief geschmücktes Denkmal, das im gleichen Jahre am 10. November, dem Geburtstage des Gefeierten, enthüllt wurde und fortan Zeugnis gibt, wie Karlsbad seinen Schiller ehrt.

---

* Gemeint ist die Franzensbader Quelle, die er daheim gebrauchte.

Aus Griebens Reiseführer

Karlsbad und Umgebung, 1923

Fischern. 1897 zur Stadt erhoben, jenseits der Eger, mit 11926 Einwohnern. Man überschreitet die *Eger-Brücke* und ist bereits in dem freundlich gelegenen Orte, der aus zwei Teilen besteht: *Altstadt* und *Neustadt;* letztere ist jener Stadtteil, der zwischen dem Buschtiehrader Bahnhofe und der Eger-Brücke liegt und im Volksmunde *Neufischern* genannt wird. In Fischern befinden sich die priv. Porzellanfabrik und eine Dampfbrauerei. Auf der zur Fabrik gehörenden Teich-Insel steht der *Japanische Porzellan-Pavillon* (zugleich Café-Restaurant), welcher durch seine charakteristische Bauart sowie durch die Ausschmückung mit Porzellan als sehenswert zu empfehlen ist. Angenehmer Aufenthalt in der *Insel-Restauration.* Gelegenheit zu Bootfahrten auf dem umfangreichen Teiche.

Das am Buschtiehrader Bahnhofe liegende Städtchen gehört nicht zu Karlsbad; wer hier Wohnung nimmt, hat nicht Anspruch auf die Rechte eines Karlsbader Kurgastes, zahlt aber auch keine Kurtaxe.

Der ewige Regen in Karlsbad

Johann Baptist Ruprecht

„S'ist noch alles schwarz umhangen",
So klagt jeder spät und früh.
„Abermals nichts anzufangen,
Gebt mir nur das Paraplui!
Doch was hilft's, auf allen Wegen
Hindert der verwünschte Regen,
Folgt mit nach, wohin ich flieh'."

Und in Thälern und in Schluchten,
Die man mühevoll erklimmt,
Wird der Nebel sich verdichten,
Der uns jede Aussicht nimmt.
Eilt man auf die Badegänge,
Klagt und seufzt die bunte Menge,
Und ein jeder ist verstimmt.

Zornig blickt der edle Russe,
S'ist der Regen ihm verhaßt,
Und bei jedem neuen Gusse
Wird ihm der Salon zur Last.
Trotz abweichenden Kalendern
Will sich's dies Jahr doch nicht ändern,
Stets der nämliche Morast!

Naht sich schlürfend der Berliner,
Ruft er aus: „Der Herr Gott weiß,
S'wird der Regen täglich kühner,
Gestern gab's Gott straf mir, Eis!"
Dort in dichter Trinker-Mitte
Flucht mit wildem Blick der Britte:
„Devilish weather, damn your eyes."

Naht ihr einem Kreis von Polen,
Welche Klagen hört man da?
„Ist das nicht zum Teufel holen?
Wär ich schon der Heimat nah!
Wird der Regen nicht bald schwächer,
Trink ich meinen letzten Becher
Und vergeß aufs Podagra."

Und nicht minder klagt der Sachse,
Denn wer wird geduldig naß?
Nein, es schadet selbst dem Flachse,
Regnet's ohne Unterlaß.
Sickerts immer fort im Thale,
Schmeckt uns keine kalte Schale,
Nein, das ist ein schlechter Spaß!

Und den Ungarn hört ihr sprechen:
„Bassam, Wetter für die Schwein'!"
Und den Böhmen radebrechen:
„Jesus, is sich wahres Pein!"
Und der Wiener brummt dazwischen:
„Wie kann Regen mich erfrischen?
Er verdirbt mir ja den Wein."

So wird Christ, so wird Hebräer
Ohne Unterschied bespritzt,
Zeiget sich die Kälte näher,
Seht ihr sie vom Zorn erhitzt,
Hört ihr im Vorüberschweben:
„Schofel Wetter, süll ach leben!
Seht, da habe ich mich beschmützt!"

So gibt's für uns harte Proben
In der nassen Badekur,
Wasser unten, Wasser oben,
Eine wahre Schädelruhr!
Wasserreich selbst ist meine Feder
Und es ist der Geist der Bäder,
Der mir in die Tinte fuhr.

Kaffee statt unterirdischen Kloak

Ludwig Achim von Arnim
(*1781 Berlin †1831 Wiepersdorf)

Aber der Sprudel? fragte der Kammerherr bedenklich und reichte einen ellenlangen Porzellanbecher und einen Bündel Salveiblätter dar. Der Fürst steckte durch den Henkel des Bechers seinen linken Daumen, den Salveibüschel aber wie einen Orden ins Knopfloch, befahl, dem Sänger gleiche Armaturstücke zu reichen, und eilte voran mit gar bedenklicher Miene und den Worten: Ja, es ist die höchste Zeit zum Sprudel! – Dann ergriff er den Sänger beim Arm, zog ein feierliches Gesicht und sprach: Es freut mich, Sie mit den geheimnisvollen Wundern der heilenden Mutter Natur bekannt zu machen! – Es schmeckt erschrecklich schlecht! sagte der Fürst, als sie an der Quelle standen. – Pfui Teufel! rief der Sänger, welcher Mensch mag warmes Wasser trinken? Rum, Zitronen und Zukker gehören dazu, dann lasse ich es gelten. Und sehen Sie die Menschen, lieber Fürst, wie sie die Augenblicke zählen, um so lange wie möglich von diesem Straftrank frei zu sein; welche gelbe Gesichter, welche geschwollene Bäuche, welch ein Laufen mit Schlüsseln! Hier gibt es echte Kammerherrn, bester Herr Kammerherr! Ew. Durchlaucht, hier ist Gefahr, da sinkt schon einer in Ohnmacht; jener schwindelt umher wie Leichenpredigt, und wie sie halb wahnsinnig miteinander von den Wirkungen des Brunnens reden! – Um Gottes willen, Ew. Durchlaucht, mischen Sie sich nicht unter diese wahnsinnige Wassergesellschaft! Sie sind jung, Ihnen fehlt nichts als Geistesbewegung; ich heile Sie, vertrauen Sie mir den Becher an, ich lege den meinen dazu; geben Sie mir die Hand, wir wollen geistig genesen, und die Becher mag die alte Hebe in die unterirdische vesteinernde Höhle stellen, und die Salveibüschel dazu, daß sich das verfluchte Zeug allen zur Warnung daran setze, was die Leute, die es im Wasser nicht sehen können, so gierig hinunterschlingen. Ihre Hand, mein Fürst, ich schaffe Sie gesund, nur folgen Sie mir, das Wasser ist keines Menschen Freund! – Sie sind mein Wohltäter, rief der Fürst, wenn Sie mich von der Herrschaft dieses fatalen faulen Wassers befreien; Sie haben etwas Gebietendes, Zwingendes, nehmen Sie meinen Becher und meine Hand, ich will aus dem unterirdischen Kloak nicht mehr trinken. Ich will Ihnen vertrauen, Ihnen meinen Ärger mit der Fürstin klagen; Sie haben mit der Welt gelebt, ich außer derselben in vorsichtiger Ferne, hier schließen wir unsern Bund! – Der Fürst ergriff bei diesen Worten den Arm des Sängers, befahl dem Kammerherrn, zurückzubleiben, und hörte nicht auf den Brunnenarzt, der ihm vorschrieb, an dem Tage einen halben Becher Neubrunnen, einen halben Mühlbad, einen halben Theresienbrunnen zuzulegen. Keinen Tropfen mehr! rief er, kein Fürst aus dem Hause Ganzgott hat je so viel Wasser getrunken wie ich. Und wie sie einander die Hand gaben, krachte es in der Tiefe des Töpelflusses. Die Sprudelschale ist geborsten! riefen viele Leute und liefen hinab, in das Innere der Natur zu schauen. - Ein gutes Zeichen für uns, rief Halbgott, daß wir statt des Wassers guten Kaffee trinken sollen! - Die Stadt ist verloren! riefen viele. - Nein, erwiderten die besser Unterrichteten, die Natur hatte nur den Pfropfen, der sie verstopft, herausgeworfen; wir haben den Pfropfen wieder hineingebracht, der Sprudel kommt wieder. - Um keinen Preis warte ich darauf! meinte Halbgott, nahm Ganzgott beim Arm und führte ihn, im heiligen Instinkte des Kaffeegeruchs, nach dem böhmischen Saale zur Puppschen Allee. Solche riesenhafte Bäume wachsen nicht bei dem Sprudel, sondern beim Kaffee!

Ausflug nach Karlsbad

Charles Sealsfield
(*1793 Poppitz bei Znaim †1864 Solothurn)

Einer der interessantesten Orte in Böhmen, wenn nicht in der Welt, ist Karlsbad. 40 Meilen weit führt die Straße von Teplitz nach Karlsbad ununterbrochen durch wohlbestelltes Ackerland, den reichsten und fruchtbarsten Teil des Königreichs mit einer wohlhabenden Bauernschaft. Zwischen Saaz und Komotau liegt das prachtvolle Schloß des

Fürsten von Schwarzenberg, berühmt durch seine Jagden. 12.000 Stück Wild, Fasane und Hasen, werden hier jährlich erlegt, und der hohe Adel der Umgebung wird zu diesen Festen eingeladen, der Kleinadel dagegen nur beigezogen. Wir erreichten das an den Ausläufern des Riesengebirges* gelegene Karlsbad am Morgen unseres zweiten Reisetages. Knapp vor der Ankunft senkt sich die Straße von einem 1800 Fuß hohen Berg jäh in ein tiefes Tal, in welchem man die Stadt erblickt. Gemauerte Bogen von 30 bis 50 Fuß Höhe tragen diese Chaussee, welche auf dem Festland wenige ihresgleichen hat. Erst wenn man von Karlsbad aus auf die Straße zurückblickt, merkt man den überwundenen Höhenunterschied. Die Stadt ist ungefähr eine halbe Gehstunde lang und eine Viertelstunde breit; sie wird von dem Flüßchen Tepl durchzogen. Gleich mächtigen Wällen steigen unmittelbar hinter den Häusern die Berge auf. Inmitten der gegen 300 Häuser zählenden, hübschen kleinen Stadt sendet der Sprudel sein siedendes Wasser ans Tageslicht. Die Quelle wird von einem Runddach beschützt, unter welchem vornehme Leute aus aller Welt die Lippen mit dem heißen Wasser des berühmten Gesundbrunnens netzen. Eine Steinbrücke führt zum Neubrunnen, der von Neuangekommenen vorgezogen wird, die nach einigen geleerten Bechern raschen Schrittes in die hölzerne Galerie am Teplufer eilen. Die Karlsbader Trinkkur wird gewöhnlich mit

* Sealsfield meint das Erzgebirge.

acht Bechern begonnen, die in Zwischenräumen von einer Viertelstunde bis zu einer Stunde getrunken werden. Dann steigt man auf 16 und selbst auf 24 Becher, von denen im letzten Abschnitt der Kur vier der Sprudel spendet. Karlsbad ist der Zufluchtsort aller Hypochonder, Milzsüchtigen, Menschenfeinde und Müßiggänger. Dieser Ort scheint von der Natur dazu auserkoren zu sein, die Wunden zu heilen, die das gesellige Leben schlägt. Seine Bewohner kümmern sich nur um das Wohl der Fremden, und der enge Umkreis des Städtchens verschmilzt seine 2000 Einwohner und ebensoviele Kurgäste zu einer großen Familie, in der nach zwei Tagen einer den anderen kennt. Die Karlsbader und ihre Gäste sind das gerade Gegenteil der Einwohner und Besucher von Teplitz. Sie sind ein fröhliches, lebensfrohes Völkchen, unermüdlich besorgt um das Wohl der Fremden. Sie sollen sich im Winter für die Mühen des Sommers dadurch entschädigen, daß sie die Erträgnisse der Saison verjubeln. Während die Kurgäste von Teplitz den Morgen in ihren Betten verbringen, trifft man sich an den Karlsbader Quellen schon sehr frühzeitig und, getreu den ärztlichen Vorschriften, wird das getrunkene Wasser durch scharfe Spaziergänge verdaut. In Karlsbad sieht man im Gegensatz zu Teplitz wenige Wagen, denn die meisten Fremden ziehen es vor, die schönen und schattigen Fußwege zu beschreiten, oder bis zu Lord Findlaters Tempel emporzuklimmen. Der gewöhnliche Spaziergang ist der Park, der sich in die Richtung nach Pirkenhammer hinzieht. Die Heilkraft der

Karlsbader Wässer ist zu bekannt, um hier besonders angepriesen zu werden. Ihr Entdecker ist König Karl IV., der auf diese Weise ein Wohltäter der Menschheit geworden ist, angefangen vom Premierminister bis zu dem armen Autor, der wohl den entzückenden Ort segnet, sich aber nicht ohne Gruseln des Karlsbader Kongresses erinnert.

Vom alten Karlsbad

Erwin Guido Kolbenheyer
(*1878 Budapest †1962 München)

Vor kaum neunzig Jahren war Karlsbad auch im Sommer ein kleines Nest. Straßen, in denen später hinter hohen Spiegelscheiben Luxuswaren ausgelegt wurden, wie sie kostbarer auf keinem Boulevard einer Weltstadt zu sehen sind, boten in bescheidenen Geschäften Alltägliches zu Kauf. Die Welt war damals noch weit.

Kolonialwaren schienen bedeutsam, weil sie über den Ozean kamen. In einem Laden, der wunderbar nach Gewürzen roch, hingen über dem Verkaufstisch zwei geschnitzte Delphine, dunkelbraun lackiert, mit weißblitzenden Augen und Zähnen, im Schaufenster stand fast mannesgroß ein Neger, der eine Straußenfederkrone und einen schillernden Leibschurz trug, er hielt eine Muschel, die zur Hälfte mit Kaffeebohnen und zur Hälfte mit Tee gefüllt war. Er stand inmitten von Mandeln, Rosinen, großen, grünen Zitronatfrüchten und Kristalldrusen von Kandelzucker. Und all das wurde auf zwei blanken Messingschalen mit einer Handwaage zugewogen. Es war geheimnisvoll, die Zunge der Waage durch die Gabel schwanken zu sehen, aller Blicke, die des Kaufmannes, der Magd mit dem Korbe und des kleinen Jungen, der manchmal mitgehen durfte, waren auf das schwankende Zünglein gerichtet. Und dann dreht der Kaufmann seine Tüten selbst, zuweilen aus einem großen, gelbbraunen Papier, das nach Süßholz duftete. Solche Geschäfte waren noch zu finden, wo später während der Kurzeit Luxus ausgelegt wurde, und es waren erbansässige Geschäfte, die auch im Winter offen blieben, weil sie mit den üppigen Sommerlaunen nicht zu rechnen brauchten.

Noch viel kleiner als im Sommer war Karlsbad dazumal im Winter. Über den Häuserzeilen lag eine gerechte friedsame Stille. Die grünen Jalousien der oberen Stockwerke blieben geschlossen. Die Familien hatten sich in ihren Häusern zur ebenen Erde angesiedelt. Der Hausrat der Gastzimmer war sorgsam gelüftet, gereinigt und zugedeckt, man betrat die oberen Stockwerke nicht und ließ sie ausruhen. Wäsche, Fenstervorhänge und Schneiderei gaben den Frauen bei aller Tageswirtschaft genug zu tun, und die Männer gingen geruhiger dem Geschäft und Handwerk nach.

Es gab noch viele Häuschen, die ihre hundert Jahre alt waren, manche nur vier Fenster breit, von

Gassenszene beim Alt-Karlsbader Marktbrunnen.

einer zweifenstrigen Giebelstube überhöht. Neben der schöngeschnitzten Haustür hatten sie ein einziges breites Bogenfenster. Und dahinter saßen die Hausfrauen vor dem Nähtisch. Die Nachbarschaft ging dicht an ihnen vorüber, denn der Bürgersteig war schmal. Man sah einen Augenblick von der Arbeit auf, dankte dem Gruß und neigte das Ohr an die Scheiben, wenn in aller Eile durch das Fenster hindurch mit lauter Stimme und unter lebhaften Gebärden eine Neuigkeit mitgeteilt wurde. Oft nickt man nur, ohne verstanden zu haben, der Freundlichkeit wegen. War aber das Mienenspiel bedeutsam genug, so konnte die Arbeit rasch über den Nähtisch gehäuft werden und - einen Augenblick aus der warmgeheizten Stube auf den dunklen Flurgang, die gehäkelte Wollpelerine fest um Schulter und Brust gestrafft und die Haustür einen Spalt weit geöffnet: So so, na ja - das war also geschehen, und schnell wieder in die warme Stube, emsig und befriedigt.

Der Sprudel

Vinzenz Prökl
(*1803 Hartenberg †1887 Eger)

Der Sprudel, der König aller Quellen, vor Alters Springer genannt, ist die erst bekannte Heißwasserquelle Karlsbads; sie erhielt ihren Namen durch das mit großer Gewalt und Mächtigkeit hervorspringende

Heißwasser von 60 Grad Wärme. ... Je nach mehr oder weniger Spannung reguliert sich der Hochsprung der schäumenden und brausenden Wassersäule, die stoßweise 6 bis 8 Fuß hervorbricht und einen mächtigen Dampf entwickelt und in einer Minute 17 bis 20 Eimer Wasser liefert, nebstdem aber bestehen noch andere Ausmündungen zur Ableitung des überflüssigen Wassers. ...

Die Sprudelschale - Sprudeldecke ist durch ihre Selbstbildung, Stärke, Umfang und Farbenkolorit ein Unikum auf unserem Erdballe. Dr. David Becher, der gefeierte Karlsbader Arzt, der eifrigste Beobachter der Thermen in Karlsbad hat Seite 137 seines vortrefflichen Werkes über das Dasein des Sprudels wichtige Mitteilungen gemacht und als Augenzeuge berichtet, daß man bei dem Bau des Hauses zum Palatin, vormals wilde Ente, nahe des Mühlbrunnens bei der Grundgrabung eine Lage Sprudelstein durchschlug und einen reißenden mächtigen tiefen Heißwasserstrom entdeckte, welcher Karlsbad durchbraußt. Er hat Versuche angestellt, die Tiefe des Stromes zu erforschen, ließ eine 18 Ellen lange Stange eintauchen, allein die allzu heftige Strömung riß den Arbeitern die Stange aus der Hand und machte eine weitere Untersuchung unmöglich; jedoch hätte gar leicht wahrgenommen und aufgezeichnet werden können, nach welcher Richtung hin der Fluß seinen Lauf nimmt. Aus dieser Tatsache erhellet, daß das loco Karlsbad an verschiedenen Punkten ausströmende Wasser nur ein einziger unzurechnungsfähiger Teil des Heilwasserstromes ist und die geringe Wassermasse hier gleichsam als ein Ventil einer Hochwasserleitung zu achten sei. Wie die Anzeichen deuten, durchzieht der Strom einen großen Teil der Stadt und nimmt seinen Lauf gegen Süden.

Das Heißwasser versteinert sich wie bekannt, sobald es an der atmosphärischen Luft einen Gegenstand überrieselt, Sinter - sogenanntes Sprudelstein absetzt. Der nun im Uranfange das Karlsbader Tal frei durchlaufende Fluß hat gleich in der allerersten Periode seines Daseins an beiden Ufern eine Kruste angesetzt die alle Jahre sich erstarkte und erbreiterte, bis endlich dieselbe sich zusammen schloß und eine kompakte Decke bildete. Solche Krusten sind heute sichtbar im Sprudelablaufsgraben und im Bassin des Bernhardsbrunnens.

Das Sprudelwasser ist ungeheur gasreich und dieses Gas entbindet sich beim Hervortreten in Milliarden Bläschen, so wie denn auch bei dem ungedeckten Wasserspiegel des Sprudelstroms die Gasentleerung erfolgen konnte. So wie sich aber eine Decke bildete und das Gas keinen Ausweg fand, warf es die Decke hinaus. Dies war der erste Sprudelausbruch. In kurzer Zeit hat sich die Wasserdecke wieder geschlossen, durch Aufwerfung der Bruchstücke und zufälliger Überrieslung auch verstärkt, abermals wurde nun die Decke durch die Gewalt des Gases zersprengt und die Trümmer auf die unversehrt gebliebene Wasserdecke geworfen, wodurch eine immer größere Stärke und Ungleichheit in der Stärke entstand. Und so ging es durch

Jahrtausende fort und erzeugte diese ungeheueren Massen Sprudelgestein die man bei der Gründung des Warmbads vorfand und zum Kalkbrennen verwendete. ...

Ein Sprudelausbruch erfolgt, wenn das Holzwerk der Sprudeldecke verfault, die Sprudelschale selbst durch den Eisstoß beschädigt, oder wenn die Ausflußöffnungen nicht zur gehörigen Zeit gebohrt worden sind und sich versintern. Gesetz ist, daß der Sprudel jährlich viermal gebohrt, und stets 400 Zoll Öffnung erhalten wird, wozu nebst dem Sprudel noch mehr andere Ständer offen gehalten werden. Die Sprudelausbrüche hat man erst berücksichtigt, als man in Warmbad - Badestuben errichtete. ...

Ein altes Manuskript bewahrt das Stadtarchiv, welches besagt, daß auch im Jahre 1702 ein Ausbruch erfolgte, welcher wegen der Verschiedenheit der Meinungen über den Wiederverbau - Verwirrung unter der Bürgerschaft verursachte. Im Jahre 1763 wiederholte sich ein Sprudelausbruch. Alle angewandten Mittel zur Wiederheilung blieben vergeblich. Man schlug in völliger Verzweiflung 4 Ellen tiefe Schurfe in die Schale, und machte noch mehr andere Versuche. Angst und Schrecken beherrschte die Bürgerschaft. Ein Bittamt wurde in der Dekanalkirche abgehalten. Nach beendigtem Gottesdienst eilten die Bürger zum Amtsbürgermeister Georg Bachmann auf das Rathhaus, um über die Mittel und Wege zur Wiederhervorrufung des Sprudels zu beraten. Man debattierte lange, niemand wußte Rath; da ergriff endlich Bachmann das Wort, und stellte die Frage, ob nicht etwa die Versteinerung der Ausströmungsröhren den Ausbruch herbeigeführt habe?! und siehe da, er hatte die Ursache gefunden. Scharenweise strömten die Bürger zum Sprudel, und man fand wirklich alle Sprudelständer total versteinert. Sogleich wurden starke Bohrer angeschafft und nicht nur die schon bestandenen drei Hauptöffnungen, sondern auch noch eine vierte Öffnung gebohrt, und da auch diese 4 Mündungen das heftig emporstrahlende Wasser nicht förderten, eine fünfte geöffnet, aus welcher der Sprudel mit großer Heftigkeit und Wassermenge wie früher hervorsprang. …

Eines Sprudelausbruchs erwähnt Dr. Becher am 2. Dezember 1766. Selbst der wachsame Dr. Becher war nicht vorsichtig genug. Damals unterblieb die Bohrung durch volle 18 Monate, wodurch die Sprudelöffnungen beinahe sich ganz versintert hatten. Nach Wahrnehmung heftiger Stöße wurden am 24. November vier Öffnungen eingebohrt, ohne den Sprudel zu berühren; die Folge war, daß vom Rohre im Salzsudhause das Wasser so heftig heraufdrang, daß ein Einschnitt gemacht werden mußte; einige Tage später füllten sich die dem Sprudel gegenüberstehenden Häuser des Marktplatzes mit Dampf und am 2. Dezember in der Nacht erfolgte der Sprudelausbruch. Der Springer stand plötzlich still, der Schwaden verschwand. Durch sogleiche Bohrung des Springers und Reinigung der Nebenständer wurde der Hochsprung wieder erreicht.

Becher bemerkt, daß die Ständer so stark versintert waren, daß man nur mit der flachen Hand hineinfühlen konnte.

Ohngeachtet all dieser traurigen Erfahrungen hat die Unterlassung des fleißigen Bohrens der Sprudelöffnungen im Jahre 1774 wieder eine Explosion herbeigeführt. Wasser und Dampf druchdrang die Sprudeldecke, alle Ständer standen wasserleer, aus denen bloß nur heißer Dampf herausströmte. Es mußten sogleich Ausflußöffnungen und eine neue Holzvergatterung mit einer Pfostenüberschallung hergestellt werden. Viele hundert Ellen starke Leinwand erforderte die Ausstopfung der Deckenrisse, und eine große Anzahl Säcke mit Sand gefüllt, hat man in die Tiefe hinabgelassen, um die stark geöffnete Schale wieder hermetisch schließen zu können. Ohngeachtet dieses sorgsamen Verbaues, erfolgte im Monat August abermal ein Sprudelausbruch; es brach ein mächtiger Wasserstrahl hervor, der eine eigene Fassung und den Namen kleiner Sprudel erhielt. …

Der Eisstoß im Jahre 1799 beschädigte abermals die Sprudelschale. Das Wasser beim Zapfenloche verschwand. …

Am 5. August 1809 zeigten sich bei dem Felsen K mehrere Sprünge; am 1. September warf der Sprudel schneller und heftiger das Wasser hervor. Sogleich riß man den Zapfen I heraus und öffnete die Bohrlöcher A E F G, worauf der Springer zu wüthen aufhörte. Aus Rücksicht auf die Kurgäste ließ die Kommission den Hauptzapfen wieder einsetzen, nicht ahnend, daß hiedurch wieder ein Unglücksfall hervorgerufen werde. Gleich nach der Einsenkung des Zapfens strömte lehmtrübes Wasser herauf, das sich bald wieder klärte, tags darauf am 2. September erfolgte unterirdischer Donner welcher die Sprudelschale erschütterte und die Holzstützen des Sprudelsteges umwarf. Die Bürgerschaft kam in Alarm. Gleich nach 12 Uhr desselben Tages zersprang krachend die Sprudelschale mit solcher Gewalt, daß das Gas die Quadern entzwei riß und die Häuser am Marktplatze erschütterte. Der Hauptzapfen mußte sogleich herausgehoben werden. Das Gemeindehaus erhielt große Risse und wurde in Folge dessen unverweilt demoliert. Auch das Straßenpflaster war an vielen Orten auseinandergetrieben.

Aus der Karlsbader Korrespondenz

Karl Marx
(*Trier 1818 †London 1883)

1. September 1874

Lieber Fred,
Nächsten Mittwoch bin ich zwei Wochen hier, und mein Pulver, alias money, wird grade noch für eine dritte Woche reichen. Wenn Du mir schreibst, so gefälligst unter obiger Adresse, aber an Miss Eleanor Marx auf dem Kuvert. Die Kur hat Tussy wundervoll wohlgetan; ich fühle mich besser, aber die Schlaflosigkeit ist noch nicht bemeistert.

Wir leben beide strikt nach der Regel. Morgens um 6 Uhr an den respektiven Quellen, wo ich sieben Gläser zu trinken habe. Zwischen zwei Gläsern immer fünfzehn Minuten, in denen man auf und ab marschiert; nach dem letzten Glase ein walk von einer Stunde, endlich Kaffee. Abends vor Schlafengehn noch ein kaltes Glas.

Ich bin jetzt auf Pumpenheimer beschränkt zum profanen Getränk; Tussy dagegen erhält daily 1 Glas Pilsener Bier, worauf ich eifersüchtig hinschiele. Mein von Kugelmann mir vorgeschriebener Arzt, Östreicher, der in seinen Manieren, Sprache etc. dem berühmten General Cecilia gleicht, war im Anfang nicht ohne Besorgnis wegen meines Aufenthalts. Auf seinen Rat bin ich eingeschrieben als Charles Marx, Privatier, London, welches „Privatier" zur Folge hat, daß ich die doppelte Kurtaxe, sowohl für mich als Eleanor, zu zahlen habe an die würdige Stadtkasse, aber den Verdacht fernhielt, ich sei der berüchtigte Karl Marx. Gestern war ich jedoch als solcher denunziert in dem Wiener Klatschblatt Sprudel (Badejournal), und der polnische Patriot Graf Plater (guter Katholik, liberaler Aristokrat) neben mir als „Chef der russischen Nihilisten". Doch kommt dies jetzt wahrscheinlich zu spät, da ich Quittung von der Stadt über die bezahlte Kurtaxe besitze. Ich hätte viel wohlfeiler wohnen können, als Kugelmann mich eingehaust hat, doch war dies unter meinen spezifischen Verhältnissen von wegen des respektablen Aussehens nützlich, vielleicht notwendig. Ich reise unter keinen Umständen, obgleich

Kugelmann das noch nicht weiß, über Hannover zurück, vielmehr den südlichen Weg, den ich gekommen bin. Dieser Mensch ennuyiert mich mit seinen Gemütsquängeleien – oder Lümmeleien –, womit er sich und seiner Familie völlig grundlos das Leben verbittert. Es ist dagegen möglich, daß ich fünf Wochen in Karlsbad bleiben muß.

Die Umgegend hier ist sehr schön, und man kann das Laufen durch und über die waldigen Granitberge nicht satt werden. Doch haust kein Vogel in diesen Wäldern. Die Vögel sind gesund und lieben die Mineraldämpfe nicht.

Ich hoffe, daß Jennychen sich einigermaßen erholt hat.

Beste Grüße an alle von dem
Mohr.

18. September 1874

... Ich habe bis jetzt um 4 Pfund (Zollgewicht) abgenommen und kann selbst mit der Hand fühlen, daß die Leberverfettung im status evanescens ist. Ich glaube, daß ich in Karlsbad endlich meinen Zweck erreicht habe, wenigstens für ein Jahr. Es wäre mir sehr lieb, ein paar Zeilen von Dir in Hamburg bei Meißner vorzufinden.

Mit besten Grüßen von Tussy und mir an Madame Lizzy und Pumps.

Dein Mohr.

21. August 1875

Lieber Fred,
Vorigen Sonntag kam ich hier an. Dr. Kraus war schon wieder fort nach Gmund, wo er mit Familie; hat seine Verhältnisse mit seiner Frau rearrangiert. Wie ich mir vorgenommen, bin ich jetzt mein eigener Arzt, und wie Dr. Gans mir mit stiller Wehmut vertraute, ist das bei einem Drittel der älteren Badegäste der Fall. Sehr heilkräftig wirkt auch auf mich die Abwesenheit meines Leibarztes Kugelmann.

Trotz dem Personenwechsel sieht das Publikum hier einmal wie das andermal aus; der average man des Quetelet bildet die Ausnahme; statt dessen überwiegen die Extreme, Faßdicke und Spindeldürre.

Ich bin wenigstens 12 Stunden im Freien, und nach Absolvierung des Geschäfts besteht mein Hauptvergnügen darin, neue Spaziergänge, Punkte, Aussichten in den Bergwaldungen zu entdecken, und bin dabei um so mehr Überraschungen ausgesetzt, je weniger Orientierungssinn ich besitze.

Von heute an, wo ich Zettel für Zahlung der Kurtaxe erhalten, bin ich polizeilich sicher. Ich schrieb mich ein als Dr. phil. und nicht als Rentier, was dem Beutel zugut kommt. Mein Namensgenosse, der Polizeidirektor von Wien, ist so artig, immer gleichzeitig mit mir einzutreffen.

Gestern Abend ging ich in den Hopfenstock, der durch sein Bier berühmt ist, mein Glas Gießhübler Mineralwasser trinken. Es waren da Karlsbader Philister, und das ganze Gespräch drehte sich um die hier *unerschöpfliche* Streit- und Parteifrage über die respektiven Vorzüge des alten Pilsener, des bürgerlichen und des Aktienbiers. Jo, sagte der eine, in dem alten vertrage ich 15 Gläser (und die sind groß) wie nichts. Nu, sagte der andre, ich war auch Parteimann, aber jetzt stehe ich über diesen Zänkereien. Ich trinke sie alle durcheinander mit gleichem Erfolg usw. Neben diesen weisen natives saßen aber auch zwei Berliner swells, Referendarien oder dergleichen. Die stritten über die Vorzüge des Kaffees in den verschiednen berühmten Karlsbader Restaurationen, und der eine versicherte mit feierlichem Ernst: Es ist *statistisch* (!) erwiesen, daß der Kaffee im Garten von Schönbrunnen der beste ist. Dazwischen schrie ein native: Unser Böhmen ist doch groß, leistet Großes. Sein Pilsener Bier wird in alle Lande verschickt; in Paris hat der große Brauer Salzmann jetzt eine Filiale, es geht auch nach Amerika! Leider können wir unsre großen Felsenkeller ihnen nicht mitschicken, und die gehören zum Pilsener! ...

Berühmte Musiker zu Gast

Anonymus

An Johann Sebastian Bach, der im Jahre 1738 in Karlsbad weilte, schloß sich eine lange Reihe hervorragender Musiker an, die im Verlaufe der Zeit die Sprudelstadt zu Kurzwecken aufsuchten.

Virtuosen und Komponisten konnten ihre Lobeshymnen auf Karlsbad nicht in Dichterworte kleiden; sie nahmen aber aus dem geheimnisvollen Rauschen und Raunen der Heilquellen, aus dem wildromantischen Tale und den sagenumwobenen, bewaldeten Bergen Eindrücke und Anregungen mit, die in so mancher Komposition Auslösung fanden.

Johann Sebastian Bach wird die Grundidee zur Komposition der „Brandenburger Konzerte", die er in Karlsbad von dem Markgrafen von Brandenburg in Auftrag bekam, und die er sehr bald fertiggestellt hatte, in der stillen Ruhe der Karlsbader Wälder gefaßt haben.

Beethoven, der im Jahre 1812 zur „Gesundheitspflege" in Karlsbad weilte, hat bestimmt auch in der Sprudelstadt an seiner lebensbejahenden, von leisem fröhlichem Kichern durchzogenen „Achten", die in der kurzen Zeit von Mai bis Oktober 1812 entstanden ist, gearbeitet. Möglich, daß er auch den Posthornruf des Karlsbader Postillons, der in seinem Skizzenheft Aufnahme fand, irgendwie mit verwenden wollte. Daß Beethoven von dem Kurbetriebe in eine gute Stimmung versetzt wurde, beweist, daß er in die „Achte“ ausnahmsweise keinen elegischen Satz schrieb.

Um Franz Liszt hatte sich im Jahre 1853 ein Freundeskreis geschart. Liszt bewog Bülow und Edmund Singer zur Komposition eines Duos, wobei G. v. Bülow die Pianostimme, Singer den Violinpart schrieb. Dieses „Karlsbader Duo“ – bei Schott in Mainz verlegt – beherrschte lange Zeit die Konzertprogramme der guten Geiger. Nur eine gute Stimmung konnte das Kompositionskuriosum hervorbringen.

Louis Spohr, der Opern- und Kammermusikkomponist, der einigemal in Karlsbad weilte, wählte im Jahre 1846 die Sprudelstadt zur Fertigstellung seines Trios, op. 133. Das Werk trägt den Vermerk: „Beendet in Karlsbad im Juli 1846.“

Friedrich Wilhelm Kalkbrenner, der weit bekannt gewordene Pianist und Komponist, war oft Gast in Karlsbad. In der „Bohemia“ vom Jahre 1844, Nr. 86, hieß es, daß Kalkbrenner dank der wunderbaren Wirkung der Karlsbader Quellen wieder die Kraft gefunden hat, die ihn als Virtuosen auszeichnete, als er fünfundzwanzig Jahre alt war. Kalkbrenner bewies seine Dankbarkeit damit, daß er einer seiner besten Kompositionen die Bezeichnung „Les Charmes de Carlsbad“ gab.

Geheimrat Prof. Emil Sauer, der weltberühmte Pianist, kam schon in jungen Jahren nach Karlsbad. In seinem Buche: „Bilder aus dem Geheimfache meiner Kunst und meines Lebens“ schreibt er: „Wohl hat Karlsbad mein Leiden auskuriert, aber nicht mein jedesmal mit Frühlingsbeginn erwachendes Heimweh nach dem idyllischen Kurort."

Alfred Grünfeld, der Pianist von Weltruf, war oft Kurgast in Karlsbad. Sein Ausspruch lautete immer: „Die Karlsbader Quellen sind mein Magenregulator und der Aberg mein Gewichtsausgleicher."

Viele der großen Virtuosen, die Karlsbad besuchten, bewiesen ihre Dankbarkeit durch Abhaltung von Konzerten zu Gunsten humanitärer Einrichtungen des Kurortes. Nikolaus Rubinstein war ihnen ein leuchtendes Vorbild in dieser Hinsicht.

Karlsbader Reisebriefe

Theodor Fontane
(*1819 Neuruppin †1898 Berlin)

An Emilie Zöllner

Karlsbad, 19. August 1893
Silberne Kanne

Hochverehrte Freundin.
Also diesmal vom schönen Karlsbad aus meine herzlichsten Glückwünsche; möge das neue Jahr Ihnen Kraft und Gesundheit und Ihrem teuren Gatten den Mut, die Frische, die philosophische Betrachtung erhalten, die ihn auszeichnen. Karl ist über den Berg und wird seinen Weg machen zu Ihrer Freude; vor

Krieg bleiben wir hoffentlich bewahrt, und des jungen Kriegers Waffen dürfen ruhn. Haben Sie morgen einen glücklichen Tag; schade, daß der Sonntag und sein Publikum Ihnen das Café Bellevue so gut wie verschließt.

Uns geht es hier „den Umständen nach“ wohl; wir haben eine gute Wohnung gefunden, einen guten Eßplatz (Östreichischer Hof) unmittelbar neben uns und einen guten Kaffeeplatz: Pupp, der, trotz des Glanzes seiner Erscheinung, keineswegs so vornehm und so teuer ist, wie man annehmen sollte. Bauern, Jüdinnen, sächsische Spießbürger sitzen in größerer Zahl um uns her als Lords, ungarische Magnaten und industrielle Millionäre aus Wolhynien und der Bukowina. Das Preußische, wie immer das Preußische, verkrümmelt sich völlig, und es wäre unsichtbar, wenn nicht ein paar Jüdinnen aus Berlin und Breslau für preußische Vertretung sorgten. Aber von solcher Vertretung wollen wir mit Recht nichts wissen, und was sonst noch da ist und als „echt“ gelten kann, hat den grauen Aschenputtelcharakter, der, ich will nicht sagen, unter uns heimisch ist, aber sofort in die Erscheinung tritt, wenn wir uns unter andern Nationen bewegen. Wir sind immer die Armen oder wirken wenigsten so; zum Teil hängt es mit einer gewissen Dezenz zusammen, die das Farbenbunte mit Geflissentlichkeit vermeidet und es als zigeunerhaft oder affig ansieht.

Unser Arzt ist ein Dr. Becher; er hat aber wohl keinen Zusammenhang mit unsrem frisch verheirateten Berliner Geheimrat, stammt vielmehr von einem alten Dr. Becher ab, dem in der Sprudelhalle ein Denkmal (große Porträtbüste) errichtet ist und der als der Schöpfer des Weltruhms von Karlsbad gilt; bis Mitte des vorigen Jahrhunderts war er doch mehr von lokaler Bedeutung, d. h. im wesentlichen auf Östreich und das „Reich“ beschränkt. Interessant sind die vielen Erinnerungstafeln an den Häusern: „Hier wohnte Goethe, hier wohnte Peter der Große, hier wohnte Heinrich Laube“. An einer Stelle hat sich Kiß verewigt, ein Löwenkopf (in einem Felsen angebracht), der Schlangen und Nattern frißt. Kiß bekämpfte ewig offiziell – man könnte sagen im höchsten Auftrag – die Revolution, und von diesen Leistungen ist dies hier ein Ableger. Inschrift: „In dankbarer Erinnerung an Karlsbad von Kiß aus Berlin.“ Vielleicht ist es alles symbolisch und der Löwenkopf ist nichts als der „Sprudel“, der alle Kißschen Krankheiten (in Reptiliengestalt) vertilgt. Man empfindet hier sehr eine draußenliegende, andre Welt. Und das ist recht gut. Ich stimme ganz mit Bismarck überein, „es muß auch Lipper geben“. Und wenn schon „Lipper“, so Ruthenen, Slowenen, Rumänen, Serben erst recht. Diese alle sorgen nicht für Tugend, aber für Leben, was im Leben doch das Wichtigste und jedenfalls das Interessanteste ist. Tausend Grüße, Ihnen und den Ihrigen. Wie immer Ihr treu ergebenster

Th. Fontane

Die Mühlbrunnenkolonade.

An Martha Fontane

Karlsbad, 21. August 1893
Silberne Kanne

Meine liebe Mete.
So still wir hier leben, so fehlt es doch nicht an Schreibestoff, nur die Flügel sind schlaff und wollen einen Flug nicht recht wagen; Mama ist ganz abattu, und ich bin müde, was nicht zu verwundern ist; um 4 meldet sich der Trampler, dann ist es mit dem Schlaf vorbei, und dem Brunnenspaziergange von 7 bis 9 fällt die schwere Aufgabe zu, den versäumten Schlaf zu ersetzen. Das leistet er denn natürlich herzlich schlecht. – Übermorgen abend ist eine Woche um, was mich mit stiller Freude erfüllt. Wir haben zwar Grund, mit allem sehr zufrieden zu sein, sind es auch, aber die Einsamkeit ist groß und stempelt das Ganze doch zu einem grausamen Vergnügen. ...

Unser Tag verläuft wie folgt: um 6 ½ auf, um 7 ½ an den Theresienbrunnen (der besser für Mama zu passen scheint als Markt- und Schloßbrunnen), von 7 ½ bis 9 Spaziergang bis zum „Posthof“, das Tepltal hinauf, und auf dem Heimwege Gebäckeinkauf bei Domenico Mannl, Schweizer Bäcker, von dessen „Weltruhm“ die Karlsbader mit Stolz sprechen. Und mit Recht. Was sind Storm oder Heyse neben Mannl! Der ist ein andres Mannl. Von 9 bis 9 ½ Frühstück. Dann schläft sich Mama viertelstundenweis durch den Vormittag durch, während ich Brugsch oder Pietsch oder Arne Garborgs Schilderungen aus „Kolbotten" lese. Dann Toilette, d. h. bei Mama, das alte Spitzenkleid wird angezogen, bei mir: ein neuer Hemdkragen wird umgebunden. Handschuhzwang für die Männerwelt existiert nicht. Dann folgt das Diner: halbes Rebhuhn, hinterher eine Mehlspeise und ein Glas Pilsener. Von 2 bis 4 Stillsitzen in unsrer Wohnung und Erörterung der lieben alten Fragen: „Wird es schwül bleiben oder wird es regnen, oder wird ein Gewitter kommen oder wird es bloß wetterleuchten?" Nach endlicher Feststellung, daß das eine so gut möglich sei wie das andre, geht es um 4 zu Pupp, um Kaffee bez. Milch oder auch bloß Gießhübler zu trinken. Die Kellnerinnen kokettieren (freilich nicht mit mir), die Oblatenmädchen, Bälge von 10 oder 12 Jahren, überbieten noch die Kellnerinnen, und von fern her, oder auch im Lokal selbst, hört man Musik. Denn ohne diese geht es hier nicht. Die Session bei Pupp dauert bis 6. Dann wieder Spaziergang bis zum „Posthof", auf dem Heimwege Schinkeneinkauf bei „Friedel" (unsrem wünschte ich dies Geschäft, eine wahre Goldgrube), gegen 8 Abendbrot und um 9 in die Klappe. Bisher ging das alles ganz leidlich, aber das Vergnügen ebbt doch schon, und ich sehe den Tag sehr nahe, wo der „Posthof", wo Mannl und wo selbst Pupp ihre Zauber verloren haben werden. „Unter Larven die einzig fühlende Brust" – selbst von diesem Minimalsatz ist hier nicht zu sprechen, denn auch diese eine Brust fehlt. Worin sich übrigens eine Ironie des Schicksals ausspricht, denn wenn es andrerseits etwas gibt, das hier massenhaft auftritt, so ist es Brust als solche. Schon nicht mehr schön!

Neugierig bin ich, wie sich die Friedländer-Frage entwickeln wird; ich halte es doch für möglich, daß er noch kommt. Die ganze Geschichte hat ein bißchen was Blamables; das werden alle empfinden, auch die Damen.

Mit Mama geht es nicht sehr gut, sie wechselt zwischen Schmerzen und Unbehagen, wohlige Momente nur „sporadisch", um eins ihrer gefährlichsten Lieblingswörter zu gebrauchen. Ich persönlich sehe aber in diesem Zustande nichts Schlimmes, das Brunnentrinken, das viele Gehen und Steigen und stundenlange Im-Freien-Sitzen muß einen alten Körper natürlich ganz aufrütteln. Ich verspreche mir von der Kur nur Gutes.

Und nun genug und übergenug. Grüße nach allen Seiten. Ergeh es Dir wenigstens leidlich. Von Cholera-Angst bleibt Ihr hoffentlich verschont. Wie immer Dein alter

Papa.

Aus Griebens Reiseführer
Karlsbad und Umgebung, 1923

Kirchen. *Katholische Kirchen*: Die **Magdalenen-Kirche** *(Dekanalkirche)*, ein Meisterwerk des Barockstils, besonders durch die kühn aufgebaute Kuppel merkwürdig, erhebt sich in der Nähe des Sprudels und ist ein Werk des Baumeisters Dienzenhofer aus Prag, welcher sie 1728-1736 an Stelle der schon seit 1485 dort bestehenden alten Kirche erbaute. - Die **Andreas-Kirche** am oberen Ende der Andreasgasse wurde 1500 erbaut. Der dabei befindliche, jetzt nicht mehr benutzte Friedhof ist die Ruhestätte des berühmten *Dr. David Becher*; sein Grabstein ist erhalten. Auch ein Grabmal des hier im Jahre 1844 verstorbenen Musikers und Komponisten Wolfgang Amadeus Mozart, zweiten Sohnes des berühmten W.A. Mozart, befindet sich dort. - Die *Laurenzi-Kapelle* am Laurenziberg. - Die *Marien-Kapelle* hinter der Alten Wiese im Walde; sie wurde ursprünglich im Jahre 1700 von einem Grafen Sternberg errichtet, doch wurde im Jahre 1879 an Stelle der alten Kapelle ein Neubau im gotischen Stile aufgeführt. Der eigentlichen Kapelle ist ein Vorbau angesetzt, wo Andächtige ihr Gebet verrichten können. - Die *Eccehomo-Kapelle*, am Anfange des Faulenzerweges. - Zu erwähnen wäre ferner noch die *St. Leonhards-Kapelle*, höchst idyllisch im Walde, an der Promenade vom Echo nach St. Leonhard gelegen. - An den Waldpromenaden sind hier und da Bildstöcke, meist Marienbilder; von diesen ist das Bild am Wege zum Aberg sehenswert.

Die **evangelische Kirche,** am Ende der Marienbader Straße nach Dorotheenau, mit dem Pfarrgebäude nebenan, besteht seit 1856.

Die **russische Kirche,** im Villenviertel Westende, wurde 1898 im russischen Kirchenstil erbaut. Dieser Monumentalbau bildet eine Sehenswürdigkeit Karlsbads.

Die **anglikanische Kirche,** unweit der Königsvilla auf dem Schloßberg, 1877 eingeweiht.

Portrait einer Kurstadt

Anonymus

Unter den Weltkurorten von Böhmen nimmt Karlsbad den ersten Rang ein. Die Entdeckung des Sprudels soll nach der Sage gelegentlich einer Jagd, welche Kaiser Karl IV. veranlaßt hat, erfolgt sein. Der von der Meute gehetzte Hirsch entzog sich seinen Verfolgern durch einen Sprung von dem Felsen, der heute den Namen „Hirschensprung“ führt, in die von wildem Gestrüpp bedeckte Tiefe. Die ihm nachsetzenden Hunde fielen in heißes Wasser und wurden arg verbrüht aus demselben gezogen. Dieses heiße Wasser ist der heutige Sprudel. Es erscheint demnach der Sage nach Kaiser Karl IV. als der Entdecker Karlsbads, historisch richtig ist jedoch, daß dieser Regent die Stadt zum Kurort gemacht hat und daß dieselbe nach Karl IV. den Namen Karlsbad führt. Als Gründungsjahr Karlsbads gilt das Jahr 1358, und schon im XVI. Jahrhundert war Karlsbad ein weltberühmter Kurort. Die Entwicklung der Stadt litt in den folgenden Jahrhunderten sehr stark durch kriegerische und Elementarereignisse. Der dreißigjährige Krieg, der Erbfolge-Krieg, der siebenjährige Krieg und die Kriege gegen Napoleon brachten eine ganze Kette von schweren Heimsuchungen und unterbrachen die gedeihliche Entwicklung der Stadt und des Kurortes. Das harmlos scheinende Teplflüßchen verursachte wiederholt Wasserkatastrophen, deren erste mit der Überschwemmung

Karlsbads im Jahre 1582 ihren Anfang nahm. Dieselben wiederholten sich seither zehnmal, unter diesen war die letzte und zugleich die schrecklichste die vom 24. November 1890. Daneben gab es auch noch Heißwasser-Katastrophen. So oft das Sprudelwasser durch Ablagerung der mineralischen Bestandteile in seinem Lauf durch die vorhandene Auslauföffnung gehemmt wurde, brach es sich gewaltsam neue Bahn, zerriß die Sprudelschale und trat an neuer Stelle an die Oberfläche. Dieser Vorgang, Sprudelausbruch genannt, der sehr gefährliche Zerstörungen verursachte, fand in der letzen Zeit von 1617-1834 neunmal statt. Jetzt wird derartigen Ausbrüchen dadurch vorgebeugt, daß von Zeit zu Zeit die Ausflußöffnungen des Sprudels bis in die Tiefe hinab mittels großer Bohrer von dem angesetzten Kalkstein gereinigt und erweitert werden; außerdem sind Öffnungen in die Sprudelschale gebohrt, welche als Ventile beliebig geöffnet und geschlossen werden können.

Karlsbad hatte auch wiederholt durch Feuer zu leiden und dem Brande vom 13. August 1604 fiel auch die ganze Stadt mit dem Stadtarchiv bis auf drei Häuser zum Opfer. Anderthalb Jahrhunderte später wurden neuerdings 224 Häuser in Schutt gelegt. Hinter dem Hause „Meerfräulein" auf der Alten Wiese befindet sich noch heute eine Säule, die jenen Brand überdauert hatte und welche von der Familie Pittroff, der Besitzerin jenes Hauses, als Erinnerungszeichen an das große Stadtunglück getreulich gehütet wird.

Karlsbad liegt in einem mehrfach sich windenden Tale, durch welches das Teplflüßchen zieht. Die dieses Tal bildenden Gebirgszüge mit ihrem herrlichen Waldbestande von Tannen, Fichten, Eichen und Buchen weichen, nachdem sie die Tepl bis an ihre Einmündungsstelle in die Eger begleitet haben, weit auseinander und bilden flußaufwärts und abwärts das rechte Ufer der Eger. Das Tepltal ist für die mächtig aufstrebende Stadt schon längst zu schmal geworden und wo durch die Verbreiterung der Talsohle nicht Raum geschaffen werden kann, da rücken stolze Neubauten immer höher und höher hinauf. Die Tepl, in früheren Jahren häufig eine große Gefahr für die Stadt, wurde seither reguliert und die errichteten hohen Kaimauern bieten einen sicheren Schutz vor Überschwemmungsgefahr.

Über die Heilkraft der Karlsbader Thermen äußert sich der Dichterfürst Goethe in einem Brief an Zelter vom 15. August 1768 folgendermaßen: „Von meiner Karlsbader Kur kann ich nur soviel sagen, daß es mich reut, sie nicht früher angestellt zu haben. Der Gebrauch des Trinkens und Badens ist mir sehr wohl bekommen, und da ich sehr wohl auf mich acht gebe, so ist wirklich etwas Wundersames in all diesem und ich freue mich, daß ich meinen Unglauben aufgeben kann." Wie auf den Dichter des „Faust", so hat Karlsbad seine bekehrende Wirkung auf alle ausgeübt, die als Zweifler dahin kamen. Wer an einem Sommermorgen die Tausende von Kurgästen beobachtet, wie sie eilfertig zu den Quellen wallen und dort ihre Becher leeren, der wird mitergriffen von dem Glauben an die Heilkraft dieses Wassers. Und dieser Glaube hat sich noch nie als trügerisch erwiesen und so mancher, der die Hoffnung auf Genesung schon verloren hatte, hat in Karlsbad neue Lebensfreudigkeit und Lebenskraft gefunden und konnte mit Goethe sagen: „Er sei dieser Quelle eine ganz andere Existenz schuldig."

***

In früheren Zeiten gebrauchten die nach Karlsbad gekommenen Kranken nur die Badekur, erst Dr. Becher führte die Trink- und Badekur ein, die auch bis auf den heutigen Tag sich erhalten hat. Karlsbad besitzt 16 Quellen, deren chemische Analyse zwar nur unwesentliche Verschiedenheiten aufweist, die aber nichtsdestoweniger, jede für sich zum Kurgebrauche besondere, höchst wesentliche Anhaltspunkte liefern. Diese sind von der Verschiedenheit ihrer Temperatur abhängig und machen einen ganz besonderen Vorzug Karlsbads aus, weil sie dem Arzte ermöglichen, der modernen Wissenschaft entsprechend die individualisierende Methode der Behandlung für jeden einzelnen Krankheitsfall in Anwendung zu bringen. Der Arzt in Karlsbad verfügt über jede beliebige Temperatur zwischen 73.18° bis herab zu 20° Celsius und hat damit die Wahl für jeden Einzelfall, ohne eine künstliche Erwärmung oder Abkühlung des Wassers vornehmen zu müssen. Es ist wohl festgestellt worden, daß das Karlsbader Mineralwasser nach erfolgtem Versand keine Veränderung aufwies - eine im Karlsbader Versandhaus aufbewahrte Flasche zeigte nach 29 Jahren gleiches Aussehen und gleichen Geschmack wie am Tage der Füllung - dessen ungeachtet muß angenommen werden, daß das der Quelle direkt entströmende Wasser dem Organismus wahrscheinlich infolge der festgestellten Radioaktivität zuträglicher ist, als das zuerst kalt gewordene und dann wieder erwärmte. Die heißeste Quelle ist der Sprudel (73.18° C), das Wahrzeichen und die Lebensader Karlsbads. Er liefert 1861 Liter in der Minute und es kommt ihm an Ergiebigkeit keine der übrigen Quellen gleich. Im Jahre 1755, anläßlich des Erdbebens in Lissabon, blieb der Sprudel durch drei Tage aus. Nach ihm folgt die Franz Josefs-Quelle (64.2° C) und hierauf die Felsen-Quelle (62.2° C). Die meisten Quellen haben teils ihre eigenen, teils gemeinsame Wandelbahnen, in denen die Kranken, geschützt vor der Witterung, ihr Wasser trinken und lustwandelnd die zwischen den einzelnen Bechern eingeschobenen Trinkpausen verbringen. So besitzen der Sprudel und die Hygiea-Quelle, welch letztere ebenfalls zu den Sprudelöffnungen gehört, eine eigene, der Marktbrunnen und die Kaiser Karl-Quelle, der Kaiserbrunnen und die Park-Quelle, ferner der Mühlbrunnen, der neue Brunnen, der Bernhardsbrunnen, die Elisabeth-Quelle und der Theresienbrunnen je eine gemeinsame Wandelbahn. Die Wandelbahn für die zuletzt genannten fünf Quellen führt den Namen Mühlbrunn-Kolonnade und bildet sowie die Sprudel-Kolonnade als monumentales Bauwerk eine Zierde Karlsbads. In diesen beiden Kolonnaden konzertieren allmorgendlich während der Trinkstunden zwei städtische Musikkapellen. Die heutige Sprudel-Kolonnade ist eine große Halle, die ihm Jahre 1879 aus Eisen und Glas erbaut wurde. Die neue Mühlbrunn-Kolonnade, im Jahre 1877 nach den Plänen des Professors Žitek in Prag erbaut, besteht aus einer Doppelreihe von korinthischen Säulen, über welche sich eine gerade Steinfläche erhebt, die von einem hübschen steinernen Gitter umgeben, vorne mit Statuen und rückwärts mit einer kleinen Säulenreihe verziert ist. Die alte Wandelbahn beim Schloßbrunnen, der nach dem Sprudelausbruch vom Jahre 1809 ausblieb und erst im Jahre 1823 wieder erschien, wurde im Vorjahre demoliert und gegenwärtig wird an der Herstellung einer neuen, im modernen Stil gehaltenen Kolonnade gearbeitet.

***

Die rührige Stadtvertretung von Karlsbad ist stets bestrebt, die den Heilzwecken dienenden, öffentlichen Gebäude den modernsten Anforderungen entsprechend einzurichten und läßt nichts unversucht, was zur Hebung des Kurortes beiträgt. Ein beredtes Zeugnis hiefür ist der monumentale Prachtbau des in den Jahren 1893-95 nach den Plänen der Wiener Architekten Fellner und Helmer im französischen

Renaissancestil errichteten Kaiserbades, dessen gegen die Stadt gerichtete Hauptfront im Parterre mit weiten Loggien versehen ist. Das Kaiserbad ist an Pracht und Heilbehelfen das Produkt vornehmer Architektonik und weitestgehender Ansprüche der modernen Wissenschaft. Dasselbe bedeckt einen Flächenraum von 2800 m^2, die Baukosten einschließlich des Grund-Ankaufes betrugen 2.560.000 Kronen. Das Kaiserbad verfügt über Moorbäder, Mineralbäder, Kohlensäurebäder, einzelne Kaltwasserbäder, einzelne Dampf- und Heißluftbäder, elektrische Wannenbäder nach dem System des Professors Gaertner, elektrische Lichtbäder und Badekabinen für Dampf- und Heißluftbäder im Dampfkasten, System Berthé. Ferner befinden sich daselbst eine Anstalt für schwedische Heilgymnastik mit 65 medico-mechanischen Apparaten nach System Dr. Zander in Stockholm, sowie eine Kaltwasserkuranstalt für die gleichzeitige Benützung von 60-70 Personen. Vom Tiefparterre führt eine künstlerisch ausgestattete Haupttreppe in das erste Stockwerk, deren Wände vom akademischen Kunstmaler Jakesch durch farbenprächtige Lunetten und Freskobilder geschmückt sind, von denen das eine „Die der Entdeckung noch entgegenschlummernde Sprudelnixe", das andere, „Die Entdeckung des Sprudels" darstellt. Die älteste Badeanstalt ist das Sprudelbadehaus, seitlich von der Sprudelkolonnade, welches 33 Sprudelbäder enthält. Die zweitälteste Badeanstalt ist das im Jahre 1867 mit einem Kostenaufwand von 700.000 Kronen erbaute Kurhaus, an welchem jedoch während seines nun mehr als vierzigjährigen Bestandes zahlreiche Adaptierungen vorgenommen werden mußten und zwar als die Folge neuer Bedürfnisse, welche das Aufblühen des Kurortes mit sich bringt. Im ersten Stock der Kurhauses befinden sich der Kurhaussaal für Bälle und Konzerte, die Kaffeehaus- und Restaurationsräume und der Lesesaal.

In der Nähe des Kurhauses auf dem rechten Teplufer liegt das im Jahre 1880 vollendete Neubad mit 24 Moorbädern im Erdgeschoß und 24 Sprudelbädern im ersten Stock. Im Kaiser Franz Josef-Park steht das in den Jahren 1905-06 nach dem Entwurfe des Architekten F. Drobny im Empirestil errichtete Elisabethbad. Dasselbe enthält Moorbäder, Sprudelbäder, Kohlensäurebäder, allgemeine Kaltwasser-Kuranlagen und Abteilungen für Einzeln-Kaltwasserbehandlung. Außer diesen fünf großen Badeanstalten verfügt Karlsbad noch über die sogenannten Gasbäder oberhalb der Stefaniequelle und die Eisenbäder oberhalb des Gymnasiums, welche sich im Privatbetrieb befinden.

Ein wahres Schmuckkästchen in seinem Innern und ein Prachtbau von außen ist das von Fellner und Helmer 1886 ausgeführte Stadttheater. Mag dort die Muse in heiterem oder ernstem Gewande vor den Besucher treten, ihr hehres Walten bannt ihn in ihren Zauber und erhoben und erquickt wird jeder Kurgast die freundlichen Hallen des Musentempels verlassen.

***

Von den Naturschönheiten Karlsbads ist jeder Besucher überrascht, denn daheim hört er nur von der strengen Kur und den Diät-Vorschriften, davon aber, daß Karlsbad an landschaftlicher Schönheit seinem Rufe als Allheilquelle nicht nachsteht, hat er nichts gehört oder es überhört. Während dem Spaziergänger auf dem rechten Ufer der Tepl zur linken Seite noch eine Häuserreihe den vollen Ausblick auf die von Wäldern gekrönte Bergkette wehrt, weht ihm von rechts her Waldesluft entgegen. Der knapp auf der rechten Seite bergansteigende Wald verengt das Tal, durch das die Tepl, an der protestantischen Kirche und dem Kaiserbad vorbei, ihr hellrieselndes Wasser, mitten durch die in Schlangenwindungen sich dahinziehende Stadt in die Eger im Norden der Stadt ergießt. Nur einige hundert Schritte weiter an Sanssouci vorbei und das Tal erweitert sich, der Ausblick nach allen Seiten wird frei und gewährt ein Landschaftsbild von bestrickendem Reiz, das an Schönheit nichts verliert, ob der Spaziergänger seine Schritte dem Bette der Tepl, sie überschreitend oder ihrem linken Ufer entlang bergauf, nach links oder rechts, lenken mag. Die mehr als eine Quadratmeile umfassenden Wälder und Berge bieten eine Abwechslung, welche Leib und Seele des Kurgastes täglich aufs Neue entzücken und auch damit die Heilwirkungen der Quellen Karlsbads erhöhen. Die schönste Straße Karlsbads ist die Alte Wiese am linken Ufer der Tepl, der Karlsbader

Boulevard, das Stelldichein der eleganten Kurwelt. Auf der einen Seite befinden sich sehr hübsche Häuser, darunter auch solche aus dem XVII. Jahrhundert, während sich auf der andern Seite, längs welcher eine alte schattige Kastanienallee führt, sehr vornehme Bazare befinden. Ein prachtvoller Abschluß der Alten Wiese ist das hervorragende Etablissement Pupp, mit dem im Jahre 1883 errichteten Goethe-Denkmal von Donndorf. Das Etablissement ist ein Häuser-Komplex, in welchem sich modern eingerichtete Gastzimmer, Restaurations- und Kaffeehaus-Räume befinden. Der Straßenzug am andern Ufer der Tepl mit der Sprudelkolonnade und dem Theater ist die sogenannte Neue Wiese. Besonders beliebte Ausflugsorte sind: Posthof, Freundschaftssaal, Kaiserpark, Jägerhaus, Hirschensprung, St. Leonhard, Franz-Josefs-Höhe, Aberg am linken Teplufer, Drei-Kreuzberg, Stefanie-Warte, Bergwirtshaus, Veitsberg, Ruine Engelhaus am rechten Teplufer. Den Aufstieg auf diese Höhen erleichtert seit dem Jahre 1907 die in der Theatergasse, nächst der Sparkasse, aufgehende Drahtseil-Bahn.

Die Frequenz Karlsbads hat in letzterer Zeit einen besonders großen Aufschwung genommen. Im J. 1759 betrug die Zahl der Kurgäste 635 Parteien, im Jahre 1908 über 63.000 Personen und so manche Größe, die ihren Namen unlöschbar in das Buch der Weltgeschichte eingetragen hat, wurde im Laufe der Jahrhunderte von Karlsbad beherbergt.

Das zum Versand kommende Karlsbader Mineralwasser wird unter der strengsten Aufsicht der städtischen Sanitätsorgane gefüllt und nur in Originalflaschen zu 1 Liter Inhalt versendet. Der jährliche Versand beträgt gegen drei Millionen Flaschen. Karlsbad hat eine hochentwickelte Porzellan-Industrie, außerdem werden Glaswaren, Spitzen, Gold- und Silber-Waren erzeugt und exportiert.

Aus Griebens Reiseführer

Karlsbad und Umgebung, 1923

Stadttheater. Das 1886 vollendete **Stadttheater** auf der Neuen Wiese ist ein heiterer Barockbau. Die Loggien sind von einer Attika gekrönt, an deren Enden sich zwei Kolossalgruppen, die Dichtkunst und die Schauspielkunst, erheben. Zwischen diesen versinnbildlichten Kindergruppen das Lustspiel und den Tanz. Der Zuschauerraum faßt 650 Personen. Der Hauptvorhang, von *Matsch* und *Klimt* gemalt, gibt eine allegorische Darstellung der Poesie. Die Deckengemälde sind gleichfalls von den genannten Malern. Aller figurale und ornamentale Schmuck ist nach Zeichnungen der Architekten *Fellner* und *Helmer* in Wien ausgeführt.

Die *Sommerspielzeit* währt von Ende April bis Ende September, die *Winterspielzeit* von Mitte Oktober bis Ende März.

Andere Vergnügungen. Den Beginn der Saison bildet ein in Karlsbad jährlich am 1. Mai wiederkehrendes Fest: *die Brunnenweihe.* Zuerst findet in der Stadtkirche ein Gottesdienst statt; dann begibt sich der Festzug von der Stadtkirche zu den Brunnen: Sprudel, Marktbrunnen, Mühlbrunnen und Schloßbrunnen, bei denen die Einweihung vorgenommen wird; zur Erhöhung der Feier rückt auch das Schützenkorps aus und gibt bei dem Hochamte die üblichen Salven.

Karlsbader Eindrücke

Oskar Blumenthal
(*1852 Berlin †1917 Berlin)

Wenn ich den Namen Karlsbad ausspreche oder höre, erinnere ich mich stets an Otto Ludwigs Ausspruch, daß es Wörter gibt, in welchen sich alle guten Geister umarmen. Man nennt mir die liebe Thermenstadt, und ich höre aus ihrem Namen die Genesungsfreude lachen. Ich sehe die Naturschönheit ihr Auge aufschlagen. Ich sehe den Zug der Ungezählten, denen Karlsbad eine Wegzehrung von erfrischbarem Weltvertrauen und gesteigertem Lebensgefühl mit auf die Heimreise gegeben hat. Und liebreich nimmt mich die Erinnerung an der Hand, um mich noch einmal den langen Weg abschreiten zu lassen, der seit einem Vierteljahrhundert meine Karlsbader Kurfreuden umschließt.

Als ich vor etlichen Jahren aus der Hand des Bürgermeisters das prächtige Gause-Album empfangen habe, das nur den ergrauten Brunnenjubilaren nach mindestens zwanzigjähriger Trinkzeit überreicht wird, ist mein erster Besuch des Tepltales mir wieder frisch lebendig geworden. Ich wurde damals von einer Karlsbader Zeitung mit einem nur allzu wahrheitsgetreuen Druckfehler als „einer unserer **beleibtesten** Lustspieldichter" begrüßt. Ich war ein träger und säumiger Fußgänger. Nur auf Befehl des Arztes schleppte ich unfroh und mühsam meine zweiundsiebzig Kilo auf das steile Gehänge,

Spaziergang im Karlsbader Stadtpark (um 1900).

das mit hundertjährigen Buchen und Kiefern bestockt ist. Sehr bald aber hat der Wald- und Höhenzauber in und um Karlsbad mich unentrinnbar eingefangen. Nach wenigen Wochen war ich reif für die bewegliche Gemeinschaft der Wandervögel und Pfadfinder geworden. Und sehr bald habe ich erkannt, daß die hygienische Weltherrschaft Karlsbads nicht nur auf der Kraft der heißen Quellen ruht, die hinter wallenden Dampfschleiern aus dem Erdinnern und aus den Adern der Felsen sprudeln, sondern auch auf den psychologischen Wirkungen, die aus der Anmut seiner Landschaft rieseln.

Ich habe dieses Gelände in allen vier Jahreszeiten durchmessen. Ich stand zwischen Winter und Frühling vor den alten Weißbuchen und sah die ersten grünen Blätter wie zuckende Flämmchen über die Zweige huschen. Ich habe im späten Lenz, wenn die Birken ihre zarten Laubschleier wie grüne Gardinen vor die Landschaft hängen, ihre dämmernden Einsamkeiten durchwandert. Ich habe sie im Herbste gesehen, wenn die gelben Blätter wie eine große Goldmosaik die Hänge überkleiden und die Wipfel in der Teufelsschönheit der Verwesungsfarbe glüh'n. Immer aber hatte ich die gleiche Empfindung: es strömt Freude durch das Tepler Tal. Sie spinnt um die Felsen, die ihre steinernen Schultern mitten in die Lücken zwischen den Häusern drängen. Sie schreitet neben uns durch die breiten nadelbestreuten Wege. Sie wartet auf uns im Moosgrund der Wälder und sie begleitet uns von unseren Spaziergängen bis in die Stadt hinein.

Denn das ist das Herrlichste an der Karlsbader Landschaft: wenn wir den Wald schon verlassen haben, so verläßt uns der Wald noch nicht. Sein Wipfelgrün lacht in alle Gassen hinein. Er sieht neugierig den Häusern über die Dächer. Denn der Wald ist allgegenwärtig in Karlsbad und schmiegt sich mit seinen Ausläufern mitten in die Häuserzeilen. Freilich hat auch das Kuramt und die Forstverwaltung alles Erdenkliche getan, um diesen unvergleichlichen Naturpark zu hegen und zu pflegen. Von einem Heer von Waldhütern bewacht, wird er von hundert Kilometern gebahnter Spazierwege durchschnitten, auf welchen zwölfhundert Ruhebänke in der Dämmerung verträumter Winkel zu nachdenklich verweilender Rast einladen – und die Bezeichnung: „ein Karlsbader Weg" ist allerwärts ein typischer Ausdruck geworden, um ein Ideal zärtlicher Waldpflege zu umschreiben.

Doch ich spreche nur von der Liebenswürdigkeit Karlsbads und nicht von seiner Strenge. ... Die Kur! Die leidige Kur! ... Nun ja, sie ist ernst, aber nicht rauh und herrisch. Sie verlangt leichte Entbehrungen, aber keine harte Kasteiung. Man kann ihren Ansprüchen auch mit einer lässigen Observanz genügen und der Kurgast braucht sich nicht in einen Sanatoriumspflegling zu verwandeln. Überdies ist ihr Hauptteil, der Morgengang zum Brunnen, mit soviel gesellschaftlicher Vergnüglichkeit gepaart, wie nirgend anders. Ich habe es immer als einen sehr glücklichen Einfall der Thermen betrachtet, daß sie mitten im Stadtgewühl aus ihren Felsverstecken emporgebrochen sind. Dadurch ist der Karlsbader Marktplatz zu einem Salon im Freien geworden. Unter dem alten Stadtturm, von dessen Zinnen einst die Trompeten geschmettert haben, als Wallenstein mit großem Gepränge seinen Einzug hielt, bilden sich zwanglose Plaudergruppen, wie bei einer Nachtisch-Unterhaltung im Rauchzimmer. Schöne Frauen halten hier Cercle. Auch die Grämlichen und Wortkargen werden frisch gesprächig. Große Würdenträger entdecken, aus den Berufsklammern losgelöst, plötzlich ihre liebenswürdigen Menschlichkeiten. Mit naturalistischer Gründlichkeit werden von den Kurgästen alle Intimitäten der Brunnenwirkung erörtert, und einer richtet an den andern die – Kabinettsfrage. ... Die Unterschiede von hoch und niedrig verschwinden in der großen Demokratie der Brunnenkur. Es strömt ein ganz eigenes Behagen durch dieses Karlsbader Morgenbild, das kein Geringerer als Adolf Menzel für die Unsterblichkeit festgehalten hat. Wenn man aber die Karenzfrist zwischen einem Becher und den andern auf dem Marktplatz fröhlich überplaudert hat, so kehrt man wieder in die Sprudelhalle zurück, um das nie ausgestaunte Wunder der Heißwasserströme, die aus einer Tiefe von siebentausend Fuß durch die Bohrlöcher mit vulkanischer Gewalt emporwirbeln und sich siedend dem Erdkern entringen, immer auf's Neue zu bewundern. Es war ein sinnreicher Einfall der Kurverwaltung, die Sprudelhalle mit einem Goethewort aus dem zweiten Teile des „Faust“ zu schmücken. Wie ein edelster poetischer Frühgruß, wie ein Feierklang aus Glockenerz geschlagen, so schwingen die Dichterworte in den jungen Tag hinein. Die immer erneuten Besuche Goethes in Karlsbad und die sieben Gedichte, die er im Namen und Auftrag der Bürgerschaft zur Begrüßung fürstlicher Gäste gespendet hat, gehören zu den stolzesten und unverwelkbaren Erinnerungen Karlsbads.

Die Verse Goethes an das waldbewachs'ne Tal, „das so mancher Fremde segnet, weil mit heilsam heißer Schale die Genesung ihm begegnet und ihm frisches Leben schafft" – von wieviel tausend und abertausend Lippen sind sie beim Abschied in freudiger Dankbarkeit wiedergeklungen! Und wer hätte sich nicht, wenn er vor der heißen Wassersäule des Sprudels verweilte, an jene andere Strophe erinnert, in welcher der Dichter und der Naturforscher ihre Stimmen zu einem Zwiegesang einen:

„Selbst jener wilde Quell, den tief im Grunde
Kein Menschenwitz und keine Kraft beschwor,
Ergrimmt nicht mehr am eingezwängten Schlunde.
Ihm läßt die Weisheit nun ein off'nes Tor.
Damit der fernste Pilger hier gesunde,
Wirft sprudelnd frei er volle Kraft empor.
Er sprengt nicht mehr die selbst gewölbten Decken,
Nur heilen will er künftig, nicht erschrecken."

Es will uns scheinen, als ob Goethe hier das Thermenwunder von Karlsbad in den edelsten Worten gleichsam gedrosselt und für die Ewigkeit festgehalten hat.

Und die Summe meiner Karlsbader Eindrücke? Ich glaube, daß die Zeit nicht fern ist, da Karlsbad nicht bloß von den Leidenden als Kurort, sondern auch von den Gesunden als Sommerfrische aufgesucht wird. Wie schön muß es sein, hier ohne ärztliche Marschroute zu weilen – „ohne Trinkzwang“, wie die lockende Devise in manchen Wirtshäusern lautet. Nur die Heiterkeit des Tepltales zu genießen, das echt österreichische Lebensbehagen Karlsbads auszuschlürfen, sich in irgend einen grünen Winkel zu nisten und planlos das bescheidene Mittelgebirge zu durchbummeln, das sich um die Stadt in sanften Erdwällen aufstuft. ... Es ist ein Traum, der mich seit vielen Jahren neckt und lockt. Jedenfalls kann ich auf die Frage, wohin ein Karlsbader Kurgast zur Nachkur gehen soll, nur die überzeugte Antwort geben: „Nach Karlsbad.“ Denn aus den Laubwölbungen seiner Wälder strömen nicht geringere Heilpotenzen, als aus dem Quellenschacht seiner Thermen. Und darum will ich eines Tages den Traum verwirklichen, hier hinter dem Rücken des Arztes einige völlig brom-, natron- und lithionfreie Wochen zu durchleben – sei es im Vorfrühling, wo Karlsbad noch nicht ganz erwacht ist und einer Dorfschönen gleicht, die sich mit dem Handrücken den Schlaf aus den Augen reibt, oder im frühen Herbst, wo der breite Fremdenstrom schon allmählich zu verebben anfängt. Dann will ich all die Wege ausproben, die über Höhen und Hänge führen. Will durch alle Kehren und Krümmen der Berge klettern. Will auf allen Aussichtswarten meine

Karte abgeben, von der Stephanie-Spitze das weite Tal überschauen und auf der Freundschaftshöhe mich in die romantischen Tage zurückträumen, da man den Bergen so gefühlvolle Namen verliehen hat. Ich will bei allen diesen Frühgängen an das Wort von Eduard Mörike denken, das man erst in Karlsbad verstehen lernt: daß die Morgenluft das Mark des Tages ist. Nach der Heimkehr aber will ich frei und fröhlich an dem Spundloch der Quelle vorübergehen, der ich so viel verdanke, und mich in den prächtigen Stadtpark flüchten, um die Formen- und Farbenwunder anzustaunen, die Kunst und Natur auf seinen Rasenflächen geschaffen hat. Hier will ich unter dem breiten Wipfel einer Linde oder unter dem üppigen Blätterdach der Kastanien wieder einmal der Thermenstadt meinen Treueschwur erneuern – und vielleicht werde ich wie ein verliebter Primaner die Verse vor mich hinsummen, die mir einst aus der Freude der Stunde auf die Lippen gefallen sind:

Ein Gespinst von Gold'nen Strahlen
Hängt sich an der Berge Rund,
Und die roten Tulpen prahlen
Leuchten aus dem Wiesengrund.
Finkenschlag und Mädchenlachen ...
Augen, die im Lenzlicht glüh'n ...
Braucht's, um uns gesund zu machen
Eine and're Medizin?

Gedanken über Karlsbad

Ludwig Fulda
(*1862 Frankfurt a. M. †1939 Berlin)

Wo steckt der Zauber, der diesen Wallfahrtsort der leidenden Menschheit allen, die ihn einmal erblickt haben, für immer lieb und wert macht, ganz abgesehen von der Dankbarkeit für einen Kurerfolg? Durch welche Schwarzkunst schmeichelt sich die Sprudelstadt in unser Herz und behauptet darin auch nach Jahren der Abwesenheit ihr Heimatrecht? Wie stellt sie es an, daß uns bei jeder Wiederkehr zumute wird, als hätten wir sie nie verlassen! daß sie uns jeder Mühe, mit ihr neue Fühlung zu gewinnen, überhebt, just wie ein vertrauter alter Freund? Oft hatt' ich über dies Rätsel nachgesonnen, ohne seine Lösung zu erspüren. Aber einst, während ich an einem lachenden Maimorgen durch den junggrünen Karlsbader Wald lustwandelte, kam ich plötzlich dahinter.

Ich ging den entzückenden Faulenzerweg, der übrigens, wie ich glaube, von seinem Namen verleumdet wird. Denn aus welchem noch so unverbesserlichen Faulpelz würde nicht, sobald er ihn betritt, ein frischfröhlicher, emsiger Wandersmann? Hunderte von Spaziergängern schritten an mir vorbei, Männlein und Weiblein; darunter sicherlich viele nicht zum ersten Mal. Aber ihre gleichgültigen Physiognomien sagten mir so wenig, daß meine Erinnerung sie beim besten Willen nicht hätte festhalten können. Sie anschauen und wieder vergessen war eins. Dann erschien eine junge Dame, der ich zweifellos nie vorher begegnet war. Sie schritt ebenso rasch vorüber wie die anderen; doch ein kurzer Blick hatte mir genügt zu der Gewißheit, daß sie mir fortan keine Unbekannte war. Aus Tausenden, jede Wette wär' ich darauf eingegangen, wollt' ich ihr Gesicht herausfinden. Ein Gesicht, das meinem geistigen Auge nie mehr entschwinden konnte, auch wenn dieses flüchtige Zusammentreffen das einzige blieb. Hübschere mochte es geben, pikantere, geistvollere; nur kein zweites, das dem ihren glich. Sprach doch aus ihren Zügen etwas, das sich nicht wiederholt: der Ausdruck einer eigenartigen, durch ihre Eigenart fesselnden Persönlichkeit.

Mit einem Schlag fielen da von Karlsbads Geheimnis die Schleier für mich herab.

Es gibt Dutzendorte, wie es Dutzendmenschen gibt. An je zahlreicheren von ihnen man geweilt hat, desto schneller verblassen ihre Gedächtnisbilder, desto verschwommener fließen sie ineinander über. Wir erwerben auch nach längerem Aufenthalt keine inneren Beziehungen zu ihnen, weil einer vom andern sich kaum unterscheidet. Wie belanglose Theaterdekorationen bilden sie höchstens den Rahmen für die Handlung, an der wir mit beteiligt sind, doch bedeuten sie nichts für sich. Karlsbad hingegen verfügt wie jene junge Dame über den undefinierbaren Reiz der Individualität. Es kann mit nichts in der Welt verwechselt werden. Es sieht nur sich selbst ähnlich; ein Original, das zu immer tieferem Versenken lockt, weil es sich nicht erschöpfen läßt.

Undefinierbar habe ich seinen Reiz genannt. Ich werde mich also wohl hüten, ihn zergliedern zu wollen. Darin liegt eben die Magie des Persönlichen, daß aus keineswegs ungewöhnlichen Bestandteilen sich ein Ganzes zusammensetzt, das einzig ist. Mancher Kurort hat vielleicht einen geradeso urgemütlichen Mittelpunkt wie die Alte Wiese; manches deutsche Gebirge hat vielleicht geradeso liebliche Szenerien wie das Tepltal; geradeso lohnende, wenn auch nicht so wundersam gepflegte Spazierwege wie der Stadtwald. Nur ändert das nichts an der Unnachahmlichkeit des Gesamteindruckes. Denn wie bei einer Dichtung beträgt auch bei ihm das Resultat mehr als die Summe der einzelnen Posten. Viel tut dazu jedenfalls die innige Verquickung von Stadt, Badeort und Natur. Wo sonst trinkt man seinen Brunnen mitten auf dem malerischen Marktplatz eines uralt ehrwürdigen Gemeinwesens? Wo sonst schlingen Straßen und Landschaften, Häuser und Wälder, anstatt sich eifersüchtig auszuschließen, ihre Arme umeinander wie zärtliche Geschwister? Wo sonst vertragen und vereinen sich auf so engem Raum die Gegensätze von Menschenwerk und Schöpferwerk, von modernster Kultur und unberührter Ursprünglichkeit, von dichtem Gewühl und erhabener Stille? Und doch offenbart die Stärke von Karlsbads Eigenart sich nicht bloß der Anschauung. Sie besteht eine schwierigere Probe, indem sie uns zwingt, uns ihr anzugleichen. Anderwärts lebt jeder auf eigene Faust, nach seiner eigenen Fasson. Hier müssen wir allesamt karlsbadisch leben. Und wollen es gar nicht anders. Ich meine damit durchaus nicht nur die kurgemäße Tageseinteilung, zu der uns Gesundheitsrücksicht und ärztliche Vorschrift nötigen. Die würde ja noch genug Variationen, noch genug bequeme Anlehnungen an die heimische Gewohnheit verstatten. Nein, gleichviel, ob wir die Kur gebrauchen oder nicht, ob sie uns diese oder jene Maßregeln auferlegt, wir sind vom Augenblick unserer Ankunft an nicht mehr eine bunt zusammengewürfelte Menge aus aller Herren Ländern; wir sind Karlsbader. Wir formieren als solche ohne Verabredung eine einheitliche Armee, gehorchen einem gemeinsamen Kommando. Wir folgen den Befehlen des genius loci, zuerst unwillkürlich, dann bewußt, überzeugt, begeistert. Der Rhythmus unseres Daseins schwingt von früh bis spät nach seinen Signalen.

So betrachtet, wird die rote Tüte, in der wir unser Frühstück nach dem Posthof, dem Freundschaftssaal, dem Kaiserpark schleppen, zum Symbol. An und für sich wäre sie entbehrlich. Wir würden den nämlichen Mundvorrat in nicht schlechterer Qualität dort bekommen, wohin wir steuern. Trotzdem lassen wir es uns nicht nehmen, „um Brot an Bäckertüren uns fast die Hälse zu brechen“ und vor einem Ladentisch mit hartnäckiger Verliebtheit einen bestimmten Schinken anzuschmachten, bis wir ein paar Scheiben von ihm glücklich errungen haben. An jedem anderen Punkt der bewohnten Erde würden wir uns gegen eine solche Zumutung sträuben; hier empfänden wir es umgekehrt als eine Zumutung, wollte man uns bereden, auf den Massenkampf der nüchternen Mägen ums tägliche Brot zu verzichten. Warum? Weil wir Karlsbader sind. Wir tragen die knallrote Frühstückstüte mit Stolz als ein wichtiges Stück unserer Uniform, etwa wie man auf See die Schiffsmütze trägt und im Hochgebirge den Eispickel.

Jede Tageszeit hat derart ihre besondere Marke, ihre eigene Stimmung; doch vor allen anderen Tageszeiten lob' ich mir den Karlsbader Morgen. Nicht nur wegen seiner heiteren Frühstückspoesie, seiner tauigen Waldesherrlichkeit, seiner frischgebadeten Luft, seiner jugendlich zarten Lichter und Schatten. Auch weil er die Vorrechte, die unser verkünsteltes Treibhauspflanzentum dem Abend eingeräumt hat, wieder an sich reißt. Hier wird der Großstädter dem Morgen, den er bisher verschlafen hat und darum nicht einmal vom Ansehen kennt, überhaupt erst vorgestellt. Hier wird ihm, der daheim erst nach Sonnenuntergang den eigentlichen Tag beginnt, durch die Wiederherstellung der natürlichen Rangstufen der Sonnenaufgang zu des Tages festlichem Höhepunkt. Das vielgerühmte Nachtleben der Weltstadt wird von Karlsbads Morgenleben überstrahlt. Es gibt ihm nichts nach an wogender Fülle, an Vielgestaltigkeit, an geselliger Anregung;

nur daß es gesünder und reiner ist. Unter freiem Himmel plaudert man mit alten und neuen Freunden, flirtet man mit alten und noch lieber mit jungen Freundinnen zu einer Stunde, in der sonst Keiner und Keine von ihnen zu sprechen wäre. Der Morgen weiß freilich nichts von den verhüllenden, täuschenden Kniffen des Abends. Er leuchtet den Dingen und Menschen ehrlich ins Gesicht; sein Glanz entlarvt die Fälschungen, die körperlichen wie die seelischen. Aber wie der Tag selbst ist der Geist in der Frühe am frischesten, die Schönheit am schönsten.

Ich für meinen Teil habe noch einen weiteren triftigen Grund, dem Karlsbader Morgen dankbar zu sein. Er hat mir zu einigen meiner besten Eingebungen verholfen. Wenn ich in seiner heiligen Weihe auf jenen unvergleichlichen Waldwegen, wo man je nach Wunsch in Gesellschaft von anderen oder nur in seiner eigenen wandeln kann, still vor mich hinschlenderte, dann muß ich wohl die Sprache der Vögel verstanden haben; dann fing wie ihr Echo in mir ein Zwitschern und Trillern an; dann beschwingte sich meine Phantasie und trug mich auf ihren Flügeln nach irgend einem gelobten Land. „Wie haben Sie nur die Idee zu diesem Werke gefunden?“ fragten mich später neugierige Leute. Ich antwortete ihnen, das wüßt’ ich selber nicht. Aber ich wußte es recht gut, und heute will ich es verraten. Ich fand die Idee zwischen Gräsern und Kräutern im sonnendurchglitzerten Karlsbader Stadtwald. Dort blühte sie, nur mir sichtbar; und weil das Verbot, die Blumen anzurühren, sich nicht auf die blaue Blume der Romantik erstreckt, pflückte ich sie ab.

Sechsmal habe ich den Einzug des Karlsbader Frühlings mitgefeiert, jedesmal bestärkt in der Ansicht, es müsse der Vorsehung, wenn sie schon nicht umhin konnte, Magenverstimmungen zu schaffen, als mildernder Umstand angerechnet werden, daß sie den Heiltrank dafür an solcher Stelle entspringen ließ. Meine Sehnsucht nach irgend einer neuen Nummer aus dem reichhaltigen Programm menschlicher Gebrechen läßt sich zwar bezähmen; sollte ich aber zwischen zwei Übeln, von denen eines durch unausweichlichen Schicksalsbeschluß mir verhängt wäre, die Wahl haben, dann würde ich immerhin dem den Vorzug geben, das eine Indikation für Karlsbad enthält. Es wäre ja infolgedessen das kleinere. Man erzählt von der Fontana Trevi in Rom, wer einmal von ihrem Wasser geschlürft, der müsse immer wieder zu ihr zurückkehren. Ob diese Geschichte nicht auf einer Verwechslung mit dem Karlsbader Sprudel beruht?

Aus Griebens Reiseführer

Karlsbad und Umgebung, 1923

Trinkkur. Beim **Brunnentrinken** wird bei den stärker benutzen Quellen *Queue* gebildet, d. h. alle Kurgäste ohne Unterschied bewegen sich in der Reihe, wie sie gekommen, mit ihren Bechern zum Brunnen, um sich dieselben füllen zu lassen, ohne auch nur im geringsten die Ordnung zu unterbrechen. Kranke, denen dies zu anstrengend ist, können auch einen Dienstmann damit beauftragen und durch ihn den Becher füllen lassen. Während der Trinkzeit darf das Mineralwasser nur mittels Becher oder Gläser im Hohlmaße von höchstens ¼ l entnommen werden. Das Rauchen in den Brunnenhallen ist verboten. Das Füllen der Becher geschieht unter Aufsicht der Brunnenaufseher durch Mädchen (gegen 120) aus armen Bürgerfamilien. Ihnen überreicht der Trinkgast seinen Becher, den er gewöhnlich an einem Lederriemen selbst bei sich trägt, zur Füllung.

Die Anordnung der Kur leitet am besten ein erfahrener Arzt; derselbe hat auch zu entscheiden, ob eine **Vorkur** nötig ist oder nicht. Diese besteht in vielen Fällen in einer zweckmäßigen Diät oder im Gebrauche von versandtem Karlsbader Mineralwasser.

Die Quellen Karlsbads können zu jeder **Jahreszeit** getrunken werden, so daß ein Kurgebrauch auch im Winter möglich ist, da eine Badeanstalt immer geöffnet bleibt und die Kurmittel zur Verfügung gehalten werden; ebenso ist im ganzen Jahre für Unterhaltung gesorgt. Im allgemeinen ist für reizbare, blutreiche Patienten die Kur im Frühling und Herbst, für blutärmere, geschwächte, zu Erkältung geneigte Personen die Kur in den wärmeren Monaten zu empfehlen.

Die **Dauer der Kur** richtet sich nach einzelnen Krankheitsfällen. Die übliche Kurzeit beträgt 3-6 Wochen.

Eine **Nachkur** ist in den meisten Krankheitsfällen wichtig, in vielen notwendig. Der Arzt muß entscheiden, worin die Nachkur zu bestehen habe. In vielen Fällen ist eine bestimmte Diät, in anderen Fällen Molkenkur, Seebäder, Höhenluft, Traubenkur usw.

Sprudelsegen

Ludwig Ganghofer
(*1855 Kaufbeuren †1920 Tegernsee)

Die Erde hat Menschen, die zum Leiden geboren sind und immer einen Schmerz mit sich herumschleppen. Es ist brutal, von ihnen zu sagen, daß sie ans Kranksein gewöhnt sind. Aber die Sache stimmt. Sie sind wie die blind zur Welt Gekommenen, die nie die Sonne gesehen haben, nie einen Regenbogen, nie den Zauber eines Morgens, nie das Farbenwunder einer Blume und das Erröten einer Mädchenwange. Und wenn diese Blinden ihr Gesicht mit den erloschenen Augen zur strahlenden Bogenlampe Gottes erheben und einen matten Schimmer spüren, fangen sie fein zu lächeln an und sagen leise: „Was für ein herrliches Ding ist das Licht, welch' eine schöne Sache die Welt." Und die zu lebenslangen Leiden Erkorenen werden versöhnlich, werden gütig und erziehen ihre Seelen zu aller Größe menschlicher Geduld. Können sie jede Woche nur eine einzige Nacht ohne nachhelfendes Pülverchen schlafen, so sind sie glücklich und sagen mit Überzeugung: „Ja, ja, wenn man nur gesund ist." Ruheloses Leiden nährt die Hoffnung und schult den Lebensglauben, andauernde Schmerzlosigkeit ist der sicherste Weg zum Pessimismus.

Ach, solch ein robuster Lümmel mit stählernen Knochen und einer Gesundheit, die er für unverwüstlich hält: Ist rund und rosig aus seiner Mutter

Schoß gefallen. Schlägt tolle Purzelbäume durch die Flegelzeit seiner Jugend. Geht mit dem Schädel durch Bretter und Mauern, ohne ein Loch daran abzukriegen. Und kriegt er eines, so heilt es über Nacht ohne Pflaster. Er schluckt, was ihm schmeckt und solang es ihm Spaß macht. Eiserne Drähte beißt er ab und kann Kieselsteine verdauen. Lachend springt er über Tiefen, die für andere eine verläßliche Mausfalle des Todes sind. Und hört er von menschlichen Leiden reden, so predigt er als Philosoph: „Der Schmerz ist eine Erfindung der Wehleidigen; für die Starken und Willensfesten, die ihn mit Heiterkeit ertragen, ist er einfach nicht vorhanden." Da geschieht das Unerklärliche, daß ihm in der Blüte seiner Jugend so zwischen 40 und 50 ein Stockzahn hohl wird. Die kleine Sekatur eines Zahngeschwürchens macht ihn zum Sonnverleugner, zu einem Zweifler an bewiesenen Gesetzen der Ewigkeit, zu einem Lästerer aller Wissenschaft, zu einem rasenden Roland, zu einer Gottesgeißel für seine Familie, zu einer Katastrophe für seinen Hausarzt, der ihm bisher nur doppeltkohlensaures Natron oder Magnesia, in den bedenklichen Fällen nur Rhizinusöl zu verschreiben hatte.

Solch ein unverwüstlich Gesunder, dem nach allem Übermut seines Lebens der erste ehrliche Schmerz in die Nerven fällt – das ist ein Unglücklicher, ein Leidender und Beklagenswerter, ein wahrer Hiob!

Ich kann da ein bißchen aus eigener Erfahrung reden. Es war eine niederträchtige, mit schweren

Blick in die Sprudelstraße.

Beklommenheiten beladene Stunde, als ich einige Jährchen nach meinem 50. Geburtstage um meiner selbst willen den Arzt befragen mußte, den ich bisher nur immer bei den unterschiedlichen Krankheitsfällen meiner Romanfiguren konsultiert hatte.

Es ging mir schon seit geraumer Zeit nicht gut. Aber schon **gar** nicht gut! Neben sonstigen Begleiterscheinungen, die sich einer poetischen Darstellung entziehen, litt ich immer unter dem scheußlichen Gefühl, als wäre mir eine Kanonenkugel in das empfindlichste Winkelchen meines Lebens hinein gezaubert: ausgerechnet in die Magengrube! Stand ich aufrecht, so schwerte der eiserne Globus nach abwärts, ohne doch meine Hoffnung zu erfüllen, daß er einem bekannten physikalischen Gesetz gehorchend, sich entfernen möchte. Lag ich auf dem Rücken, so fing die verwünschte Zauberkugel zu rollen an, schien vergiftete Stacheln zu besitzen und machte gegen meinen Hals herauf geheimnisvolle Stoßbewegungen, die auf meine Geschmacksdrüsen wirkten, wie – frei nach Goethe möchte ich sagen – wie eine Spottgeburt aus Feuer und Galle. Ich tröstete mich mit dem Gedanken, daß der aufreizende Metallglobus wenigstens massiv gegossen und kein hohler Explosionskörper wäre. Diese Annahme erwies sich im Verlaufe meines Leidens als grober Irrtum.

Nachdem ich meinem Arzte wahrheitsgemäß diese Symptome geschildert hatte, lachte der rohe Äskulap ohne jede Spur von Zartgefühl: „Na also! Jetzt haben wir's! Das kommt davon!"

Mit dem Rotationstrieb und den geschmackswidrigen Hüpfbewegungen der vermaledeiten Kugel waren aber die quälenden Anzeichen meines Leidens noch nicht erschöpft. Ganz sonderbar verhielten sich meine Gelenke. Sie waren in immer geöffnete, keiner Polizeistunde unterworfene Gastlokale ruhelos kribbelnder Waldameisen und in Magazine unversicherter Hutnadelspitzen verwandelt. Und meine Fingerknöchel, obwohl unleugbar männlichen Charakters, zeigten das frauenhafte Bestreben, knorpelige Kinderchen zu gebären. Sie wurden immer dicker und erzeugten phantastische Formen, die auch der genialste Professor der sphärischen Geometrie nicht mehr rubrizieren hätte können. Und noch was anderes war los. So oft ich den Hals drehte, den Arm hob oder ein Knie beugte, empfand ich knirschende Geräusche, als würde in meiner Seele eine große Menge Eierschalen zerquetscht. Am Hinterkopf hatte ich unaufhörlich das Gefühl, als müßten da viele neue Haare wachsen und als wäre jedes neue Härchen ein glühender Stahldorn, der sich durch Knochen und Epidermis herausbohrte ins Licht der Welt. Und immer häufiger kam aus der untersten Tiefe durch meinen langen Leib herauf der drahtlose Telephonruf: „Holla! Wer da droben? Hier unten die große Zehe!“

Mein „lieber Doktor“ legte die Stirn in Falten. „Na ja! Erst stürmt man jahrelang wie ein Wilder auf seine Gesundheit los, kann sich nichts versagen, schlingt wie ein Wolf, statt bedächtig zu beißen und zu kauen, sitzt bei der Gemsjagd auf kaltem Felsen, liegt bei der Hirschbrunst im feuchten Moos, klettert wie irrsinnig durch verschneite Latschenfelder und dann will so ein verrücktes Menschenkind nicht begreifen, was man unter rheumatischer Gicht und unter einem Magenkatarrh mit Komplikationen versteht. Gott sei Dank, daß es noch Zeit ist zur Umkehr! Drei Wochen Karlsbad. Was Besseres weiß ich nicht. 14 Tage Mühlbrunn, 8 Tage Sprudel. Moorbäder und Massage, strengste Diät und – laufen, laufen, laufen! Glückliche Reise!"

Das waren harte Worte. Ich glaubte ihre Notwendigkeit und ihren Sinn zu begreifen. Aber das **ganze** Mysterium des schrecklichsten unter ihnen – „laufen, laufen, laufen" – habe ich erst in Karlsbad völlig erfaßt. Die Reise war schön. Letztes Sommerglühen und beginnendes Farbenmischen des Herbstes. Ein leuchtender Abend illuminierte den Himmel und die Welt, als ich zum erstenmal hinunterguckte in den feinen, wundersamen, mit tausend freundlichen Dächern gespickten Talkessel, darin die Zauberquelle der Genesung sprudelte und dampfte, bewahrt in einem Wall von ewigen Wäldern, wie der heilige Gral behütet wurde, in jener Burg mit dem schwierig auszusprechenden Namen. Unter der suggestiven Wirkung dieses Bildes verspürte ich sofort eine merkliche Linderung meines Leidens. Die Kanonenkugel beruhigte sich, die Ameisen vergönnten sich eine Rast, die Hutnadelspitzen schienen mit den in Berlin polizeilich verordneten Schutzhüllen versehen zu sein, die drahtlose Telephonverbindung mit der großen Zehe war unterbrochen, und die glühenden Hinterhauptsdornen sistierten ihr bohrendes Wachstum. Ich dachte: „Nicht schlecht! Wenn das so weitergeht, bin ich in drei Wochen ein Herkules an erneuten Lebenskräften."

Im Anschluß an dieses hoffnungsvolle Wohlgefühl kam mir eine literar-historische Reminiszenz: Goethe in Karlsbad! - Also! Jetzt war ich auch da. Nun durfte es mir der feindseligste Kritiker nicht mehr bestreiten, daß ich wenigstens **etwas** mit dem Olympier von Weimar gemeinsam habe - und wenn es auch nur das Sodbrennen wäre.

In der hübschen Villa Fasolt erwartete mich eine behagliche Unterkunft. Vor Beginn der ersten Karlsbader Nachtruhe setzte ich mich noch auf die Waage. Das kulturelle Feigenblatt abgerechnet, wog ich 192 Neupfunde. Schrecklich! Hatte das unerbittliche Urteil der Waage mich deprimiert? Oder war die suggestive Ankunftswirkung ein leerer Wahn? Ich erlebte eine schauerliche Nacht - wie das Sprichwort sagt: „um an den Wänden hinaufzulaufen." Aber ich blieb als verständiger Mensch im Bette liegen und tröstete mich mit dem Ausspruch einer Tiroler Bäuerin:

„Wann der Krankteifi mirkt, daß er bald außi muaß, baumt er si alleweil am irgsten auf!"

Früh am Morgen begab ich mich zum Brunnen. Hier wimmelte genesungshungrig schon eine solche Menschenmenge herum, daß ich im ersten Schreck besorgte: „So schön, die haben mir bereits alles weggetrunken!" Meine Angst war grundlos.

Statt der drei Becher, die mir verordnet waren, bekam ich sogar viere. Während ich sie mit gläubiger Andacht leerschlürfte, besah ich mir die en masse versammelten Kulturkinder. Am lebhaftesten interessierte mich ein Japaner mit mauerweißem Gesicht und ein Mitteleuropäer mit dottergelber Hautfarbe. (NB. Nach 14 Tagen war's umgekehrt; da hatte der Japaner ein gelbes, der Mitteleuropäer ein weißes Gesicht, und die beiden waren gesund. Die Findigkeit, mit welcher die Karlsbader Sprudelnymphe den verschiedensten nationalen Forderungen gerecht zu werden vermag, ist ganz unglaublich. Die österreichischen Staatsmänner sollten bei ihr in die Schule gehen).

Während der Brunnenpromenade spielte eine fein geschulte Kapelle sehr sinnvoll gewählte Weisen: zu meinem ersten Becher das „Gebet vor der Schlacht", zum zweiten das Lied „In einem kühlen Grunde", zum dritten die Marsch-Variation „Frisch voran!" und zum vierten eine temperamentvolle Schnellpolka. Nun suchte ich die berühmten Karlsbader Wälder auf. Unter dem Gefunkel der Frühsonne, beim zarten Wipfelneigen der Fichten und beim träumerischen Blätterrauschen der Buchen wurde das ein wahrhaft himmlischer Spaziergang. Nichts Unliebsames widerfuhr mir. Ich hatte nur das Gefühl, als säße jetzt die eiserne Kugel um einige Zentimeter tiefer.

Nach einem gemütlichen Frühstück im Grünen kamen die zwanzig Minuten im finsteren Teig. Der Vorgang eines Moorbades ist sehr einfach:

man zieht einen schwarzen Glacéhandschuh, der in dickflüssigen Zustand verwandelt wurde, über die Beine bis zum Hals herauf. Weil der Mensch das eigene Gesicht nicht sehen kann, ist er im Moorbad völlig unsichtbar für sich selbst. Das ist höchste Moralität. Die Sittlichkeitsapostel sollten die gesamte Menschheit und vor allem sich selber chronisch ins Moorbad setzen. Man kommt sich da vor, wie eine körperlos gewordene arme Seele, die irgendwo über der Wanne schwebt. Weil ich zu zweifeln anfing, ob ich überhaupt noch vorhanden wäre, mußte mir der Badediener einen Spiegel vor das Gesicht halten. Mein Kopf sah aus, wie eine große rote Kirsche, die man in Champagner geworfen. Tausende von kleinen Sektperlen hatten sich angesetzt. Sie kamen ins Rollen. Meine Genesungshoffnung redete mir ein: das wären die rheumatischen Ameisen, die aus mir herausschlüpften und davonrannten. Ich unterließ es, ihnen nachzurufen: „Auf Wiedersehen!"

Daheim in meiner behaglichen Stube geschah ein Wunder. Am hellen Vormittag um 10 Uhr schlief ich ein!!! Sonst brachte ich das oft des Morgens um viere noch nicht fertig. O du süßer, köstlicher, lebenschaffender, kräftekochender Schlummer! So hatte ich seit Jahren nicht mehr geschlafen. Den Masseur, der mich aus paradiesischer Wohligkeit herausriß in die irdische Qaul, hätt' ich vor Zorn erwürgen mögen. Während er an meinen Fingerknöcheln die im Moorbad lindgewordenen Gichtknoten „streichelte", hatte ich höchst charakteristische Vorstellungen von den Justifizierungsmethoden des dunkelsten Mittelalters. „Gelt es kitzelt ein bisserl?“ sagte der Masseur. „Aber helfen tuts!!“ Diese Verheißung machte mich geduldig, und ich begann die Straße meines ferneren Daseins mit guten Vorsätzen zu pflastern.

Gleich am nächsten Morgen fing ich mit der Energie im Guten beim Brunnen an und trank noch einen fünften Becher. Die Kurkapelle spielte gerade eine Volkslieder-Revue. Es kam das zärtliche „Du, du, liegst mir im Herzen!“ Ich mußte an meine metallene Kugel denken. Sie entfernte sich in mir sehr merklich aus der Nähe jenes edlen Organs, von dem musikalisch soeben die Rede war. Die Kapelle ließ das Liedchen folgen: „Wenn alle Stricke reißen.“ Aber da war ich schon nicht mehr auf dem Brunnenplatz. Ich hörte den prophetischen Klang nur noch von der Ferne. Und in den mit Recht so berühmten Karlsbader Wäldern erschloß sich mir an diesem Morgen das ganze tiefe Mysterium des ärztlichen Rates: „Laufen, laufen, laufen!“ Ich lief wie ein Windhund.

Die Erfahrungen dieses Tages beredeten mich, meinen Verkehr mit der Karlsbader Brunnennymphe sehr vorsichtig und wahrhaft kurgemäß zu gestalten. Ich hatte Respekt bekommen vor der großen Ähnlichkeit dieser Dame mit einer gut redigierten Zeitung, die ihren Leserkreis ununterbrochen auf dem Laufenden erhält.

Kam meine Vorsicht schon zu spät? Mit jedem Tag der Woche wurde mir miserabler. In jedem

Winkelchen meines Wesens schien sich eine Palastrevolution zu vollziehen. Das Unterste drehte sich zu oberst, nein umgekehrt, das Oberste zu unterst. Ich fing ganz fürchterlich auf Karlsbad zu schimpfen an und legte mich allabendlich mit dem Schwur zu Bette: „Morgen pack' ich!“

In einer trüben Frühstunde, am zwölften Tage meiner Kur, erwachte ich mit einem fabelhaften Wohlgefühl von Behagen. Hatte im Schlummer ein Traum von Genesung und Gesundheit meine umwölkte Seele durchleuchtet? Spann sich ein Nachglanz dieses Traumes noch vor meinen wachgewordenen Augen weiter!? Ich zwickte mich in die Nase. Das Wohlbehagen blieb. Vor den Fenstern ein grauer Schnürchenregen. In mir ein lachender Schönwettertag.

Mein Gang zum Brunnen vollzog sich in der andächtigen Stimmung einer Wallfahrt. Der Bummel durch die berühmten Wälder war auch unter dem Regenschirm noch wie ein Wallen durch Gefilde der Seligen. Die Moorwanne bekam Ähnlichkeit mit einem englischen Klubsessel. Die knöchernen Marterfäuste des Giftmasseurs verwandelten sich in butterlinde Gebilde. Und bei der Mahlzeit verspürte ich zum ersten Male wieder eine heiße Sehnsucht nach Dingen, die lieblicher schmecken als Schleimsuppe, Spinat und alkoholfreier Apfelsaft. Es ist selbstverständlich, daß ich sofort den ersten Diätfehler verübte. Und siehe da: mein erneuter Magen vertrug es! Das Wort von aller Schuld, die sich rächt auf Erden, ist eine unzutreffende Hypothese.

Diese Wahrheit erkannte ich vor Ablauf meiner zweiten Karlsbader Woche.

Den Beginn der dritten Woche feierte ich durch eine Dokumentation meiner äußerlichen Verjüngung: ich ließ mir das Haar schneiden, den Bart stutzen und gab dem Schneider was zu verdienen, der meine schlotternden Westen um 10 Zentimeter enger machen mußte. Dazu kaufte ich mir einen netten Spazierstock, um Lufthiebe machen zu können, die bekanntlich die überzeugendste Ausdrucksform für jugendliche Gefühle sind.

Mit jedem neuen Tage machte meine Gesundheit jenen fröhlichen Sprung nach aufwärts, den uns ein deutsches Märchen von der Sonne des Ostermorgens berichtet. Ich aß wie ein Drescher, nein, noch besser: wie ein genesener Mensch – und schlief wie ein König, nein, noch fester, wie ein Murmeltier zwischen Herbst und Frühling. Die Könige, besorg' ich, schlafen zuweilen ein bißchen unruhig – besonders die Balkankönige.

Was Mühlbrunn, Moorbad und Masseur im Groben aus mir gemacht hatten, das verfeinerte und polierte der heiße Sprudelsegen der letzten Woche. Wahrhaftig, ich glänzte!

Und die himmlische Abschiedswaage! Wahrhaftig! Sie zeigte 84 Kilo! Das einer Eisenbahnkarte gleichende Urkündchen, auf dem mir diese unbezahlbare Wahrheit amtlich bestätigt wurde, kostete nur zwanzig Heller. Und da gibt es undankbare Menschen, die behaupten, daß Karlsbad teuer wäre!

Ja, ja es ist schon so: Die Wahrheit, wär' es auch die heilsamste, hat auf Erden keinen leichten Weg!

Aus Griebens Reiseführer
Karlsbad und Umgebung, 1923

Allgemeines. Die Stadt Karlsbad hat 18420 Einwohner in 1234 Häusern. Im Sommer steigt die Zahl der ständigen Bewohner durch die Rückkehr der im Winter nicht anwesenden Ärzte, Geschäftsleute, Kellner, Dienstboten auf ca. 29000. Den Bewohnern Karlsbads rühmt man mit Recht Freundlichkeit im Umgange nach; viele sind der englischen oder französischen wie auch der italienischen Sprache kundig.

Die Einwohner Karlsbads ernähren sich im allgemeinen durch Industrie, Kleinhandel und durch die Verwaltung der zahlreichen Hotels und Logierhäuser. Die Erzeugung und der Handel mit Kunsttischlerarbeiten, aus Sprudelstein verfertigten Sachen, geschliffenen Steinen, zierlichen Gegenständen aus Granaten, Korallen, Holz, Elfenbein, Stahlfabrikaten in Verbindung mit Sprudelstein, Stecknadeln, Nähnadeln, Dosen und vielerlei Gegenständen der Galanterietischlerei wird noch vielfach betrieben, so daß der Fremde eine große Auswahl von „Erinnerungen an Karlsbad" vorfindet. Die in der Umgegend fabrizierten Porzellan-, Kristall- und Glaswaren werden in zahlreichen Niederlagen und Verkaufläden abgesetzt. Außerdem besuchen viele auswärtige Kaufleute Karlsbad während der Kurzeit; man wähnt sich auf einen Meßplatz versetzt. Auch in der Rosenzucht leistet Karlsbad Hervorragendes. Prächtige Rosen werden jeden Morgen an den Quellen zum Verkauf gebracht.

Das **Kurleben** spielt sich in der Nähe der Brunnen am rechten Ufer der Tepl beim

Sprudel, zum weitaus größeren Teile aber am linken Ufer, vom Goetheweg an bis zum Stadtpark, ab. Mittelpunkt der geselligen Unterhaltung bilden das *Etablissement Pupp*, die *Alte Wiese*, der *Markt*, die *Mühlbrunnstraße*, der *Mühlbrunnkai* und der *Stadtpark*.

Badeimpressionen

Max Nordau
(*1849 Budapest †1923 Paris)

Jede Sensibilität findet in Karlsbad die Befriedigungen, die ihr die angenehmsten sind. Dem Kranken wird das köstlichste Gut geboten: die Besserung, die Heilung. Das Weltkind erfährt alle Anregungen vornehmsten Gesellschaftslebens. Bei einigermaßen erträglichem Wetter sind die Mühlbrunnstraße, die Alte und Neue Wiese zu allen Tageszeiten, vielleicht mit einziger Ausnahme der frühesten Morgenstunden, ein dauernder Korso, wo das dichte Gewühl verbindliche Rücksicht auf Mitwandelnde und Begegnende nicht ausschließt, wo die lebhafte Unterhaltung es vermeidet, laut und gewöhnlich zu werden, kurz wo man immer das angenehme Gefühl hat, sich zwischen Personen von Erziehung und Lebensart zu bewegen. Beide Welten geben sich auf diesen Wandelwegen und unter den Säulengängen der offenen Brunnen- und der geschlossenen Sprudelhalle Stelldichein, und wie auf einer reichen Modeschau stellen sich die letzten – oder ersten – Schöpfungen der Bekleidungs- und Drapierungskünstler, ihre sensationellsten Modelle von heute und morgen dem amüsierten Blicke dar. Für den Musikfreund ist Karlsbad ein Paradies. Unaufhörlich umspielen, umbranden, umschmeicheln die warmen Fluten der Harmonien den Wandelnden und Ruhenden, immer wiegen ihn Geigen- und Flötenklänge, immer webt die Tonwelt ihren Zauber um seine Seele. Um sechs Uhr früh erheben die Orchester der Mühlbrunnkolonnade und der Sprudelhalle ihre nuancierte Stimme zu einem weihevollen Choral, der immer eine andächtige und ergriffen lauschende Gemeinde sammelt und bannt; in bunter Folge schließen sich weltliche Nummern an und mit den leichten Weisen von Musikern, die nur kurzweilig sein wollen, wechseln ohne Unterbrechung Darbietungen konzentrierender Tonkünstler hohen Ranges und Aufführungen von Gipfelwerken der klassischen Musik ab. In den guten Hotels und Restaurants speist man mittags und abends zu einer Tafelmusik, die niemals hudelt und auch dem empfindlichsten Dilettanten den Appetit nicht verdirbt. Im Stadtpark, bei Pupp, im Freundschaftssaal, an zehn anderen Stätten löffelt man den Eiskaffee und schlürft den Nachmittagstee, während man Konzerten lauscht, deren stolzes Programm von Haydn, Mozart, Beethoven und Wagner bis zu Debussy, Mussorgski, Wolff und Reger geht und zwischen die ernsten Nummern zur Entspannung des Geistes Lehár, Strauß, Leo Fall, wohl auch den Sambre-et-Meuse-Marsch einfügt. Im Posthof hat man für ein

Eintrittsgeld, das gar keins ist, Symphoniekonzerte, die in den Weltstädten das Zehn- und Zwanzigfache kosten und nicht immer halb so gut sind. Die Tonwellenkreise reihen sich in Karlsbad aneinander, ohne sich zu überschneiden, und der Spaziergänger verläßt den einen nur, um in den andern zu treten und Gehörseindrücke, zu empfangen, die den Gesichtseindrücken vor einem langsam abrollenden Wandelbilde gleichen.

Aber das schönste in diesem Karlsbad des Luxus und der Eleganz, der Mondänität und der Kunst, der erlesenen Unterhaltung und der Gesundheitspflege hat mir doch immer seine Natur geschienen. Die Gnaden, mit denen sie die gesegnete Stadt überschüttet hat, sind einfach unvergleichlich. Ich spreche nicht von den wundertätigen Wassern, die in geheimnisvollen Adern durch tiefe Felsenklüfte rieseln, in Geyserstrahlen stürmisch sprudelnd und dampfend hervorbrechen, aus zwanzig Quellenmündungen kühl, lau, warm und kochendheiß in überwältigend reichem Gusse ausströmen. Ich meine die landschaftliche Herrlichkeit dieses Erdenwinkels, an dem die Meister der Schule von Fontainebleau sich ungleich tiefer berauscht hätten als an ihrem Barbizon, dem ihr Genie allein seine meisten Schönheiten angedichtet hat. Karlsbad verwirklicht das Ideal der Gartenstadt, die die Reformatoren der Städteanlagen träumen. Nur tritt hier nicht der Garten zur Stadt, sondern die Stadt lagert sich weich und üppig in den Garten. Die Natur herrscht hier allgewaltig, dringt in die Stadt ein, besetzt ihre Hauptpunkte, umgibt sie, überschaut sie, und die Stadt schleicht sich schüchtern in sie ein, ohne sie zu verdrängen. Wo immer man sich von den glänzendsten Straßen der in der Hauptstraße nach Art der Fadensiedelungen angelegten Stadt seitlich wegwendet, steht man nach einigen Schritten mitten im Wald, dessen Feierlichkeit die diskret, wie auf Fußspitzen dahinziehenden Schlängelwege und Steilpfade, die freundlichen Ruhebänke, die eingesprengten Cafés, Milchwirtschaften, Aussichtstempel, Denkmäler, kleinen Kapellen und Glaubenssymbole kaum entweihen. Da ist kein gepflanzter, ich möchte sagen importierter Wald, der sittsam und wohl erzogen durch die Baumschule gegangen ist, das ist ursprünglicher Forst, wie ihn Gott geschaffen hat, ein übrig gebliebenes Schaustück des Urwaldes, der in der Zeit des Auerochsen und Elchs ganz Mitteleuropa, von der sarmatischen Ebene bis zu den hercynischen Bergen, mit seinen tiefen Schatten bedeckte. Der Mensch hat hier nichts hinzugetan, er hat sich darauf beschränkt, nichts zu zerstören. Seine Hand, die es nicht lassen kann, nach allem zu greifen, spürt man nur an der Sauberkeit der Wege, die kein fettiges Stullenpapier und kein Unrat rostender Blechbüchsen entehrt. Sonst ist der Wald unberührt und dem Walten seiner eigenen Lebenskräfte überlassen. Tiefe Waldstreu häuft sich zwischen den Stämmen, das abgefallene Laub des vorigen Jahres nährt treu die Wurzeln und Wipfel, die Kronen breiten sich frei aus, wie sie wollen, und im Geäst nisten Scharen glücklicher Vögel, deren Frieden niemand stört und die sich deshalb eine in der Nähe von Städten fast unbekannte Zutraulichkeit bewahrt haben, die dem Tierfreund geradezu ans Herz greift.

Karlsbad ist neben allem andern der schönste Naturpark Europas, ein Stück ehrerbietig geschonter Wildnis, der man ihren ganzen Pathos gelassen hat. Die Weisheit der vorausgegangenen Geschlechter hat diesen Schatz zu erhalten und zu hegen gewußt, die Nachkommen der dahingegangenen Stadtväter umgeben ihn mit ihrer liebevollen Sorgfalt. Die Heilquellen unten, der Urwald oben, das Weltgetriebe in der Mitte, es ist eine einzigartige Verbindung gegensätzlicher Schönheit, und man braucht kein dankbarer Leidender zu sein, um sich immer wieder nach Karlsbad zurückzusehnen.

Aus Griebens Reiseführer

Karlsbad und Umgebung, 1923

Geschichtliches. Karlsbad, der besuchteste Kurort der Tschecho-Slowakei (im Jahre 1922: 26104 Kurgäste und 60000 Passanten) und einer der berühmtesten Europas, verdankt seine Entstehung Kaiser Karl IV. (1347–1378). Es knüpft sich daran die Sage, daß dieser Monarch in den fast undurchdringlichen Wäldern der Gegend einen Hirsch verfolgte. Als das edle Wild, von der Meute bedrängt, auf dem Punkte anlangte, der heutzutage unter dem Namen „Hirschensprung" bekannt ist, stürzte es sich in die Tiefe hinab. Ein Jagdhund folgte dem hinabgesprungenen Hirsch, verbrühte sich im heißen Quellwasser die Füße, lockte durch sein Geheul den Jäger herbei und veranlaßte dadurch die Entdeckung des Sprudels. Der Kaiser habe dann das Wasser gegen ein Übel an seinem Fuße mit bestem Erfolg gebraucht und später die Stadt Karlsbad angelegt.

In Wirklichkeit ist Kaiser Karl IV. nicht der Entdecker des Sprudels, denn der heiße Springquell war Jahrhunderte zuvor bereits den Bewohnern der umliegenden Hochflächen bekannt. Aber niemand dachte daran, in der Wildnis im Tepltale sich anzusiedeln. Erst als der kluge und weitblickende Kaiser Karl IV. im Jahre 1349 in Elbogen weilte und von dem Naturwunder in der Nähe seiner Burg hörte, faßte er den Entschluß, um den Sprudel herum einen Badeort anzulegen, und führte dies wahrscheinlich noch im selben Jahre aus. Damit seine junge Schöpfung gedeihe, schenkte er ihr die Dörfer Tiergarten und Drahowitz, und im Jahre 1370 verlieh er mit dem Freibrief aus Nürnberg vom 14. August den Bürgern der Stadt wegen ihrer steten Treue und guten Dienste dieselben Freiheiten und Rechte, die Elbogen besaß. Im selben Jahre besuchte Kaiser Karl IV. den jungen Badeort, der seinen Namen trug, ebenso in den Jahren 1374 und 1376 und gebrauchte auch die Badekur. Das Badestädtchen zählte damals wohl kaum mehr als 40 Häuser, die sich nur in der Nähe des Sprudels und gegenüber, auf dem heutigen Markte, erhoben, überragt von dem Schlößchen auf dem steilen Felsen über dem Markte, als dessen Erbauer ebenfalls Karl IV. gilt.

Der Markt und die Sprudelstraße sind sonach die ältesten Teile von Karlsbad. Von König Wenzel IV., dem Sohne Karls, erhielt die Stadt im Jahre 1401 die Bestätigung des früheren Privilegiums und überdies noch das Asylrecht; dagegen wurde sie von Karls zweitem Sohne, dem Kaiser Sigismund, im Jahre 1434 samt Elbogen dem Grafen Schlick verpfändet, und erst im Jahre 1547 kam sie an die Krone Böhmens zurück. Mittlerweile hatte sie aber 1511 das Gut Fischern zum Geschenk erhalten, und Graf Albert Schlick hatte im Jahre 1531 das noch jetzt bestehende Armen-Hospital gegründet.

Zur Zeit der Reformation wurde Karlsbad protestantisch (1554); als aber Kaiser Ferdinand II. nach der Schlacht am Weißen Berge (1620) die Gegenreformation in Böhmen durchführte, wurde es wieder katholisch; doch verließen nur der Pfarrer Mathes Rebhuhn und der Schulmeister im Jahre 1624 die Stadt.

Wie die meisten Städte älterer Gründung hat auch die Sprudelstadt in früheren Jahrhunderten genug Drangsale durch Feuersbrünste und durch Kriege erlitten. Im Jahre 1604 brannte die Stadt bis auf 3 kleine Häuser nieder. Eine zweite große Feuersbrunst zerstörte im Jahre 1759 nicht weniger als 224 Häuser. Der Dreißigjährige Krieg brachte die Stadt an den Bettelstab; nachdem sie durch wiederholte Kontributionen schwer gelitten hatte, wurde sie im Jahre 1646 durch 3000 schwedische Reiter vollständig ausgeplündert. Neuerlich gebrandschatzt wurde sie während des Österreichischen Erbfolgekrieges durch die Franzosen im Jahre 1742, ebenso im Siebenjährigen Krieg durch die Preußen. Dagegen brachten die der französischen Revolution folgenden Koalitionskriege den Karlsbadern reichen Gewinn; denn viele Besucher der großen deutschen Bäder suchten jetzt lieber die vom Kriegslärm nicht umbrauste ruhige Thermenstadt an der Tepl auf.

Das erste schriftliche Zeugnis über die ausgezeichnete Heilkraft der Karlsbader Quellen gab *Bohuslaw von Lobkowitz* in einer lateinischen Ode zu Beginn des 15. Jahrhunderts; nicht viel jünger ist die erste medizinische Schrift von Dr. *Wenzel Payer* (1521), seit deren Erscheinen das bisher nur zum Baden gebrauchte Wasser auch zu Trinkkuren benutzt wurde; die erste physikalisch-chemische Analyse nahm Dr. *David Becher* im Jahre 1766 vor.

Zum Schlusse seien noch einige Häuser genannt, die historisch merkwürdig geworden sind. Im *Weißen Löwen* am Markt fanden 1819 die Sitzungen des Karlsbader Kongresses statt; im Hause *Weißer Adler*, auf dem Markt, auf dessen Platz jetzt die Marktbrunnhalle erbaut ist, wohnte in den Jahren 1711 und 1712 Peter der Große; im Hotel *Zwei Deutsche Monarchen* (jetzige Parkanlage vor dem Stadttheater) wohnten Kaiser Fanz Josef I. von Österreich und König Wilhelm von Preußen im Jahre 1864; der Schah Muzeffir Eddin von Persien wohnte mit großem Gefolge im *Savoy-Westend-Hotel* im Jahre 1902; Goethe besuchte Karlsbad in der Zeit von 1785 bis 1823 13 mal und wohnte gewöhnlich in den *Drei Mohren* am Markt, aber auch in den Häusern *Weißer Hase* (1785), *Mozart* (1786), *Madrid* (1795) und *Strauß* (1823). Schiller wohnte im Jahre 1791 im Hause *Weißer Schwan* am Dr. David-Becher-Platz; Gellert wohnte in den *Drei Lerchen* (jetzt Atlantic Palace) am Markt im Jahre 1763; Kotzebue 1790 im *Hause Annaberg*, jetzt *Württemberger Hof*, am Markt; Blücher wohnte in den Jahren 1816 und 1818 in den *Drei Lerchen* am Markt, 1817 im *Steinernen Haus* (jetzt Esplanade Palace), Alte Wiese, und 1819 im *Weißen Löwen* am Markt; Fichte im *Fürst Schaumburg-Lippe*, alte Wiese, im Jahre 1798; in den *Drei Lerchen* am Markt (1864) und in der Villa *Helenenhof* (1865) wohnte Bismarck; im Hause *Pfeil* (jetzt Maison moderne), Neue Wiese, wohnte Mickiewicz (1829); im Hause *Mariahilf*, Sprudelstraße, wohnte Baron Eötvös (1864); Theodor Körner weilte 2 mal hier, und zwar in den Jahren 1811 u. 1812, und wohnte im damaligen Hause *Weißer Adler*, an dessen Stelle jetzt die Marktbrunnhalle steht. Im Hause *Johannes Brahms*, Hirschensprungzeile, wohnte Brahms im Jahre 1896; im Hause *Oelzweig*, Marienbader Straße, wohnte Schliemann im Jahre 1881; im Hause *Zwei Prinzen*, Kirchenplatz, wohnte Adalbert Stifter in den Jahren 1865-1867; im Hause *Havanna* Chopin im Jahre 1834; in der *Villa Fasolt* am Schloßberg wohnte im Jahre 1911 König Ferdinand von Bulgarien. Im Jahre 1853 wohnte im Hause *Weißer Löwe* Franz Liszt.

Karlsbader Ferientage

Richard Skowronnek
(*1862 Ostpreußen †1932 Pommern)

Als ich kürzlich meinem alten Freunde und Arzte, dem Geheimrat H., auf der Straße begegnete, fühlte ich seinen scharfen Doktorblick in jener Körpergegend, an der bei anderen Leuten die sogenannte Taille zu sitzen pflegt. „Donnerwetter," sagte er mißbilligend, „haben Sie aber in den letzten Monaten Speck angesetzt! Sie müssen auch in diesem Jahr wieder nach Karlsbad!"

Ich lachte auf.

„Müssen, lieber Geheimrat? Ich wüßte nicht was mir lieber wäre - ich freue mich ja schon den ganzen Winter darauf!"

Und das war keine leere Redensart, sondern lautere Wahrheit. Jedesmal, wenn das Frühjahr kommt, empfinde ich ein heimliches Sehnen nach der lieben Stadt im Tepltale mit ihren wundertätigen Wassern. ... Mit ihrer echt deutschen Gemütlichkeit, die sie bei aller Größe eines Weltkurortes zu bewahren verstanden hat, mit ihren traulichen und sauberen Straßen, in die von allen Seiten der Wald und die Berge grüßen ... der Wald mit seinen majestätischen Buchen und Tannen, und wenn ich daran denke, daß ich ihn in wenigen Wochen wieder auf altvertrauten Wegen durchwandern werde, wird mir ordentlich warm ums Herz. ...

Die erste Bekanntschaft mit diesem gesegneten Fleck Erde verdanke ich freilich einem prosaischeren Organ – meiner Leber. Sie hatte einen arbeitsreichen und stubenhockerischen Winter dazu benützt, sich über die Grenze zu drängen und als Hauptperson im Gesamtorganismus aufzuspielen. Dieser Größenwahn wurde durch einige Dutzend Becher Mühlbrunnen und Franz Josephs-Quelle natürlich sofort und für immer ausgetrieben, seither aber hege ich für sie doch eine gewisse Sympathie. Ohne sie hätte ich Karlsbad wahrscheinlich nie kennen gelernt. Noch dazu von einer ganz besonderen Seite. ... Im nächsten Jahre nämlich mußte ich auf Anordnung des Herrn Geheimrat die Kur „der Sicherheit halber" wiederholen, und bei dieser Gelegenheit gewann ich die Überzeugung, daß das schöne Tepltal nicht nur für Kranke ein höchst angenehmer und zuträglicher Aufenthaltsort ist, sondern ebenso auch für Leute, denen sozusagen nichts Ernstliches fehlt. Für Leute, die von anstrengender Berufsarbeit müde und mürrisch geworden sind, die hier etwas zwickt und dort etwas drückt, ohne daß der Arzt eine besondere Krankheit feststellen könnte. Allen diesen möchte ich aus eigener Erfahrung eine Karlsbader Kur als Jungbrunnen verschreiben! Und ich verspreche ihnen, nach kurzen drei Wochen werden sie als neue Menschen wieder heimwärts ziehen. Mit fröhlichen Augen und elastischen Gliedern, und auch ihnen wird's so gehen wie mir: Wenn der Winter ihres Mißvergnügens gar zu lange dauert, werden sie die Zeit kaum erwarten können, bis es im Tepltale wieder Frühling wird.

Beim ersten Male freilich betritt man den Boden, aus dem die heißen Quellen sprudeln, mit einer gewissen Beklommenheit. Allerhand Vorstellungen von einer übermäßig strengen und beim geringsten Versehen in ihr Gegenteil umschlagenden Kur bedrücken dem Neuling das Herz. Nach kurzer Frist aber merkt er schon, daß die strenge Kur aus nichts anderem besteht, als aus einem gewissenhaft und mit kluger Kunst über den ganzen Tag verteilten Vergnügungsprogramm. Vom ersten Becher Mühlbrunnen an bis zu dem einzigen und letzten Gläschen Pilsner nach dem Abendessen, das man mit besonderer Andacht genießt, weil es eben das einzige ist. Was der Badearzt als mit dem Brunnen nicht vertraglich dem Kurgaste verbietet, pflegen Genüsse zu sein, denen dieser als ein leidlich vernünftiger Mensch auch sonst aus dem Wege geht. Wer's nicht glaubt, dem rate ich, einmal probeweise nach einer Gänseleberpastete ein Pfund Stachelbeeren mit Selterwasser zu genießen und darauf drei Liter Bier zu trinken. Er kann sich darauf verlassen, es wird ihm auch daheim nicht bekommen! In Karlsbad aber findet er zu solchen Extravaganzen überhaupt keine Gelegenheit. Die Speisekarte aller Restaurants ist mit sorgfältiger Rücksicht auf die Verträglichkeit mit dem Sprudelwasser abgestimmt, ohne dadurch an Abwechslung oder Schmackhaftigkeit einzubüßen. Sogar Saucen gibt's zu jedem Braten. Sie besitzen jedoch den

Vorzug, keine Fettflecke zu hinterlassen, wenn man sich damit versehentlich begießt.

Nach dieser diätetischen Abschweifung aber zurück zu unserem Vergnügungsprogramm! Es ist so reichlich bemessen, daß ein gewöhnlicher Durchschnittstag zu seiner Bewältigung kaum ausreicht, und selbst die unverbesserlichsten Langschläfer schon am frühen Morgen das bequeme Lager verlassen müssen. Das ist, wie ich aus eigener Erfahrung bestätigen kann, in der ersten halben Woche herzlich sauer. Wenn man die nicht gerade gesunde Gepflogenheit besitzt, die Nächte am Schreibtisch zu verbringen, geht man um Sonnenaufgang herum wohl zuweilen schlafen. Aber um diese Zeit aufstehen? Nur zur Birkhahnbalz allenfalls oder Morgenpürsch auf den Rehbock! In Karlsbad aber treibt's einen auch ohne diese Lockmittel früh aus dem Bette. Weil man nämlich am Abend vorher die vorgeschriebene Flasche kalter Felsenquelle getrunken hat, die in ihrer prompten Wirkung nur noch mit einer zuverlässigen Weckuhr zu vergleichen ist. ...

Eine halbe Stunde später steigt man in außerordentlich guter Laune zum Brunnen hinunter, läßt sich die liebe Morgensonne auf den Rock scheinen und trinkt in gemächlichem Schlendern die verordneten drei Becher. Sie munden ausgezeichnet mit ihrem leichten Salzgeschmack, und ihre Wärme teilt sich wohltuend dem ganzen Körper mit. In den Pausen aber zwischen den einzelnen Bechern langweilt man sich nicht. Man begrüßt alte Bekannte in dem am Teplkai auf und nieder flutenden Strome der Kurgäste aus aller Herren Ländern, lauscht den Klängen der unter den Kolonnaden heitere Weisen spielenden Kapelle oder konsultiert prüfenden Blikkes die Wettersäule am Ende der Promenade. Dies aber ist ein gar wichtiges Geschäft, denn je nach der Vorraussage des amtlichen Wetterpropheten entschließt man sich, den Lodenmantel zum Nachmittagsspaziergange mitzunehmen oder zu Hause zu lassen. Mitnehmen jedoch ist auf alle Fälle besser. An den herrlichen Promenaden gibt es zu viel schöne Aussichtspunkte, und der durch die ersten, wohltätigen Wirkungen des Brunnens angespornte Kurgast neigt zum Leichtsinn. Der Vorsichtige aber kauft einen leichten Plaidriemen, und wenn er, vom raschen Gange erhitzt, an einem der schönen Aussichtspunkte stehen bleibt, hängt er sich den Lodenmantel um die Schultern. Das macht wenig Mühe, während ein ausgewachsener Schnupfen ein höchst unangenehmes Ding ist. ...

Eine Stunde ist bei der morgendlichen Trinkkur vergangen, ohne daß man recht gemerkt hat, wo sie geblieben ist. Man deponiert sein Glas bei dem freundlichen Aufsichtsbeamten des Mühlbrunnens und wendet sich zu Nr. 2 des Vergnügungsprogrammes, nämlich zum Einkaufe des Frühstücksgebäckes, duftender, frisch aus dem Ofen kommender Bretzel. Man bekommt sie in genau der gleichen vorzüglichen Qualität in jedem der zahlreichen Frühstückslokale - ich habe mich davon überzeugt. Aber es will mir scheinen, der Kurarzt, der vor jenen grauen Zeiten seinen Patienten als Erster empfahl, die Bretzeln in der Stadt zu kaufen und sie vor dem Frühstück eine Stunde weit über die Berge oder durch's Tepltal zu tragen, war ein gar weiser Hygieniker ... heute weiß es natürlich jedes Kind, daß zu einer guten Verdauung eine vorausgegangene, reichliche Anregung des Appetites gehört. Na und nun sehe man sich einmal die Scharen der Kurgäste an, die sich am frühen Morgen in den von altersher berühmten Bäckerläden drängen. Wie ihre Augen freudig aufleuchten und wie sie den würzigen Duft der frischen Bretzel und Kipferl schlürfen. Ei, mir selbst läuft bei der bloßen Erinnerung ja schon das Wasser im Munde zusammen! ... Dann aber geht's in das herrliche Tepltal hinaus, und dort habe ich schon manchen älteren Herrn gesehen, der in dem Kampfe zwischen Pflicht und Verlockung kläglich unterlegen war, noch vor dem Posthofe den Inhalt seiner Tüte aus freier Hand verzehrt hatte. ... Nach wenigen hundert Schritten stellt sich nämlich schon jener gewaltige, und ach, so gesunde Hunger ein, den man daheim nur noch als eine Art von Jugenderinnerung kennt. Da beschleunigt man das Marschtempo, bis endlich an einer Biegung des Tales das Ziel der Wanderung winkt, eine der vielen gastlichen Stätten, an denen man den vortrefflichen Karlsbader Kaffee schenkt. ... Sauber gedeckte Tische unter schattigen Bäumen, noch sauberere junge Mädchen daneben, die flink wie die Wiesel zwischen Garten und Küche hin- und hereilen, mächtige Servierbretter mit Tassen,

Gläsern und Kannen in den geschickten Händen. Aber nur am ersten Morgen hat der Kurgast nötig, seine Bestellung dem Miezerl, Reserl oder Annerl mit allen Einzelheiten auszurichten. An den folgenden Tagen erspäht sie ihn schon am Eingange des Gartens, und kaum hat er sichs an seinem „Stammtische" bequem gemacht, so steht die Portion Kaffee nebst Eiern, Schinken oder Marmelade schon vor ihm. Auch die Zeitung hat das Reserl nicht vergessen, um die er tags vorher gebeten hat, und wenns „a bisserl frisch is", bringt es ganz von selbst die wärmende Decke. Was Wunder, wenn sich bei so viel Fürsorge in dem Herzen des also verwöhnten Kurgastes die Dankbarkeit regt, und er seinem Reserl, Miezerl oder Annerl am nächsten morgen ein Veilchensträußchen mitbringt. Oder zuweilen, wenn sie mehr für's Materielle veranlagt ist, einen leckeren Rosinenbretzel. ...

Es folgt eine wohlige halbe Stunde voll gesunden, animalischen Behagens. Man schlürft den duftenden Kaffee, futtert rosigen Schinken, frische Eier und dick mit Butter gestrichene Bretzel, denkt - Gott sei Dank - an gar nichts, bis man endlich den Teller fortschiebt und nach der Zigarre greift. Erst viel später nach der Zeitung, denn es ist ja so gleichgültig, was da draußen in der Welt passiert. Hier in Karlsbad scheint die Sonne durch grüne Blätter, ein köstlicher Duft von Harz und Tannen schwebt vom Bergwalde herüber, und unten im Grunde schwatzt und raunt das Wasser der nimmer rastenden Tepl. ...

Nur mit schwerem Herzen reißt man sich los, aber die Zeit ist kurz und auf dem täglichen Vergnügungsprogramm stehen bis zum Mittagessen noch zwei gar wichtige Nummern: das Bad und der Masseur! Man schlendert zur Stadt zurück, auf dem bequemen Talwege oder über die Berge, und jetzt hat man Muße und Laune, sich an allem zu erfreuen, woran man auf dem Heimwege mit hungrigem Magen achtlos vorübergegangen ist. In den Zweigen der die breite Straße säumenden Buchen schmettern Fink und Drossel ihr Morgenlied, die blaue Tepl läuft hurtig über Kies und Geröll, und von irgendwoher schwimmen weiche Walzerklänge durch die Luft. ... Frühkonzert in einem der vielen Kaffeegärten. ... Die liebe Sonne aber scheint lachend über Berg und Wald und Tal, gießt Freude und Hoffnung in jedes, noch so beladene oder bresthafte Herz der kribbelnden Menschlein da unten. ...

Drei Stunden später sitzt man in irgendeinem der zahllosen guten Speisehäuser vor einem weißgedeckten Tisch und futtert wie ein hungriger Wolf, der aus Polen kommt. Nach dem ausgiebigen Frühstück war man satt gewesen, wie man in gewöhnlichen Zeitläuften geglaubt hätte, satt für den ganzen Tag. Die Brunnen aber, die so wohltätige Felsenquelle, das Bad und der Masseur haben für neuen Appetit gesorgt. Man schwelgt in „Fogosch, Kaiserfleisch und Jungfernbraten, saftigen Gemüsen und einer köstlichen „Möllspeis“, wie sie in gleicher Vollendung nur eine österreichische „Möllspeisköchin“

zu bereiten versteht. Zum Schluß gibt es die zweite Zigarre des Tages und ein „Kafetscherl“, das die Trägheit verscheucht, denn gleich nach Tisch kommt das Hauptvergnügen des ganzen Tages, der weite Gang in den Wald und die Berge. ... Und nur in der ersten halben Woche denkt man mit leiser Sehnsucht an das daheim übliche Mittagschläfchen. Später ist man von solchen weichlichen Anwandlungen frei, ein gewisser Überschuß von wanderfreudiger Kraft drängt ganz von selbst zur Betätigung. Man schultert den Riemen mit dem gerollten Lodenmantel, greift zum Stocke und steigt irgendwo in den Wald hinein. ... Ganz gleichgültig wo, denn überall offenbart er sich in gleicher prangender Schönheit. Mächtige Buchen mit hellen Stämmen, die als ragende Säulen das grüne Dach eines unendlichen Domes stützen, knorrige Eichen und gewaltige Tannen, die wie schweigsame Riesen nebeneinander stehen. Vor dem in die Ferne spähenden Blicke scheinen sie in eins zusammenzufließen mit ihren rauhen Leibern, Harzströme brechen aus rissiger Rinde, und langsam atmen die dunklen Nadeln Gesundheit aus. ... Unversehens aber weitet der Weg sich zu einer mitten im Hochwalde stehenden Lichtung, und wenn man Glück hat, bietet sich dem Jägerauge „guter Anblick“. Ein Böcklein äst sich auf saftiger Waldwiese, wirft kaum einmal den Kopf auf mit dem braven Gehörn. ... Der Kurgast aber, wenn er ein Weidmann ist, schlägt einen weiten Bogen, um das Böcklein bei seiner Abendmahlzeit nicht zu stören. Und wenn er seitwärts durch den dunklen Tann steigt, belohnt sich vielleicht die Guttat. ... In einem der ragenden Wipfel erhebt sich ein Prasseln, der „große Hahn“ reitet ab mit Lärm und Poltern. ... Über der Wiese gewinnt er freie Fahrt und streicht mit langgestrecktem Halse dahin in die Ferne. ... Dem stillen Wanderer aber pocht das Herz gegen die Rippen. Er denkt an genossene und vielleicht noch kommende Weidmannsfreuden. ...

Der an der Berglehne in sanfter Steigung emporführende Weg wird allmählich steiler, in einer Lücke zwischen Zweigen und grauen Stämmen tauchen die Säulen eines Tempelchens auf. Noch eine Viertelstunde rüstigen Steigens, und man steht oben, mit einem unwillkürlichen Laut des Entzückens. Weit schweift der trunkene Blick über Berg und Tal, eine gastliche Bank ladet zum Ausruhen - der geneigte Leser aber, der mir bis hierher gefolgt ist, entsinnt sich des vorsorglich mitgenommenen Mantels! Den entrollt er und hängt ihn um die Schultern. Die herrliche Aussicht verliert nichts von ihrem Reize, wenn man sie eine Minute lang warten läßt, der böse Schnupfen aber entfaltet seine Heimtücken wochenlang. Wer's nicht glaubt, darf sich hinterher nicht beklagen. Ich aber wasche meine Hände in Unschuld, denn ich habe meine warnende Stimme erhoben. Weil ich nämlich einen kenne, der sich wegen des daheim gelassenen Mantels noch heute mit den ehrenrührigsten Titulaturen belegt. Drei Wochen herrlicher Ferientage wurden ihm dadurch verdorben ... drei unwiedereinbringliche Wochen, denn dringlicher Arbeit halber mußte er nach Berlin zurück, der Schnupfen aber begleitete ihn. ...

Im wärmenden Mantel also läßt sich der Wanderer auf der gastlichen Bank nieder und gibt sich dem Genusse der schönen Aussicht hin. Sie ist lieblich und herzerquickend, ladet den Beschauer zu behaglichen Träumen, was alles er unternehmen und ausführen wird, wenn er erst wieder gesund und im Vollbesitz seiner alten Kräfte ist. ...

Ein lachendes Tal, von einem schmalen Silberbande durchzogen, breitet sich zu seinen Füßen. Bunte Häuserreihen grüßen herauf und davor unendliche, sich hebende und senkende Wogen von Grün. ... Grün in allen Abstufungen und Schattierungen ... da drüben, auf der anderen Seite des Tales ragt ein hoher Wartturm ins schimmernde Blau, alle Wege heben sich aus dem dunkeln Waldteppich ... Wege, die er noch nie beschritten, die er aber durchwandern wird in den kommenden Ferientagen. ... Und aus längst vergessenen Zeiten fliegen ihm ein paar Verse durch den Sinn, die Viktor Scheffel als junger Student auf dem Gipfel des Staffelsteins gesungen. ... „Von Bamberg bis zum Grabfeldgau, umrahmen Berg und Hügel die weite, stromdurchglänzte Au – ich wollt' mir wüchsen Flügel ..."

Nur schwer löst der Wanderer sich von dem lieblichen Bilde. Aber der Nachmittag ist zu rasch vergangen, schon werfen die hohen Tannen lange Schatten. Und es heißt sich eilen, denn es ruft eine Verabredung mit Freunden in das schmucke

Theaterchen jenseits der Alten Wiese. Gerade so viel Zeit bleibt noch, sich in ein abendliches Gewand zu werfen, der Vorhang geht auf, und willig läßt man sich in den Zauber heiterer Weisen spinnen. ... So gegen neun Uhr endlich, wenn der letzte Geigenstrich verklungen, beginnt das Karlsbader „Nachtleben“. Es dauert genau eine Stunde, so lange nämlich, wie ein normaler Mensch zur Vertilgung einer reichlichen Portion warmen Prager Schinkens braucht, zu einem Gläschen Pilsner und zum Anzünden der dritten Zigarre. Die letzten Züge raucht man, schon gähnend, beim Zubettgehen. Und das ist gut so, denn bummeln ist ja nicht gerade der Zweck der Übung wenn man zur Kur nach Karlsbad geht.

Die Tage folgen und gleichen sich. Nur die Muskeln werden straffer, die Kleider weiten sich und in die Augen tritt ein fröhliches Leuchten. Ein Zeichen der wiederkehrenden Kraft und eine Verheißung. ... Und es kommt – viel zu früh – der Tag, an dem es ans Abschiednehmen geht. Zurück zu Beruf und Arbeit, aber, Gott sei Dank, mit frischen Kräften! Der Abschied kommt von dem Reserl, Miezerl oder Annerl in der Früh und später von den diversen dienstbaren Geistern, deren Gefälligkeit man im regelmäßigen Verlauf des Tages irgendwie in Anspruch genommen hat. Der Fiaker mit dem Koffer auf dem Bock hält vor der Tür. ... Ein paar Hände werden geschüttelt ... auf Wiedersehen im nächsten Jahr ... behüt’ dich Gott, du liebe Stadt, die mich wieder einmal gesund gemacht!

Aus Griebens Reiseführer
Karlsbad und Umgebung, 1923

Als Mittelpunkt von Karlsbad darf der **Markt** angesehen werden. Hier erhebt sich die *Dreifaltigkeitssäule*, im Jahre 1716 im Geschmack jener Zeit zur Erinnerung errichtet, daß Karlsbad von der damals wütenden Pest verschont blieb (renoviert 1900). Ferner ist am Markt der *Stadtturm* bemerkenswert, welcher 1608 an der Stelle erbaut wurde, wo Kaiser Karl IV. sich 1358 ein Jagdschloß errichtete. Er wurde 1757 ein Raub der Flammen und hierauf in seiner jetzigen Gestalt wieder hergestellt. Von diesem Stadtturm aus wurden früher die ankommenden Kurgäste mit einer Trompetenfanfare bewillkommnet. …

Die **Puppschen Anlagen**, der Zentralpunkt des Karlsbader Kurlebens, bilden einen ganzen Komplex von eleganten Gebäuden, Hotels, Konzertpark, Speisesalon mit großer Veranda, Kaffeesalon mit Kaffeeplätzen im Freien, Kaufhallen usw. Überragt wird dieses elegante Viertel von dem frischen grünen Wald, der sich unmittelbar hinter den Häusern erhebt. Nächst der Puppschen Allee, vor der Dr. Schmeykalbrücke, die zum **Kaiserbad** führt, befindet sich das **Goethe-Denkmal** von Donndorf am Goethewege. …

Die interessantesten Punkte des **Hirschensprunges** liegen nahe beieinander: es sind folgende: das Kreuz, die Theresienhöhe, die Petershöhe, die Weimarsche Gedenktafel, Mayers Gloriett, die Gemse (418,8 m).

Das *Kreuz* erhebt sich auf der höchsten Spitze des Hirschensprung-Felsens, 494,2 m von der Stelle, wo es steht, bietet sich eine sehr interessante Aussicht zunächst auf die obere Stadt zu beiden Seiten der Tepl, dann auf die Prager Kunststraße, Dreikreuzberg, König-Otto-Höhe, Stifterwarte, Veitsberg, Mecséry-Höhe, Josefs-Höhe und Freundschaftshöhe. Der Punkt, wo das Kreuz steht, soll der Sage nach derjenige sein, von welchem der von Kaiser Karl IV. und seinen Jägern verfolgte Hirsch hinabsprang.

Die *Theresienhöhe* ist nur einige Schritte vom Kreuz entfernt. Dort erhebt sich eine Steinpyramide mit einer entsprechenden Inschrift. Sie wurde im Jahre 1834 der vielgeprüften Maria Theresia, Herzogin von Angouleme, einer Enkelin der großen Kaiserin Maria Theresia, zu Ehren errichtet (renoviert 1900).

Die *Petershöhe* ist nur etwa 10 Schritte von der Theresienhöhe entfernt und hat ihren Namen von Peter dem Großen von Rußland, der 1712 auf einem für den Pflug geschirrten Bauernpferde ohne Sattel den damals gefahrvollen Ritt ohne gebahnten Weg bis zu dieser Stelle gemacht haben soll. Es stand daselbst ein Kreuz, in welches der Kaiser eigenhändig eingeschnitten haben soll: MSPI, d.i. manu sua Peter I. Das Kreuz besteht schon längst nicht mehr, dafür ist an der Rückseite des Felsens eine Platte aus schwarzem Marmor angebracht, auf welcher mit goldenen Buchstaben die Namen vornehmer russischer Kurgäste verzeichnet sind, voran Peter der Große (1711, 1712). Über der Felswand wurde im Jahre 1877 eine aus Sandstein gearbeitete *Büste Peters des Großen*, ein Geschenk des Prager Bildhauers Seidan, angebracht.

An der Vorderseite des Felsens befindet sich die *Weimarsche Gedenktafel*, dem Andenken des ehem. Großherzogs von Weimar gewidmet.

Mayers Gloriett ist auf einem Felsenvorsprunge etwas tiefer unten. Es bietet prächtige Aussicht.

Endlich sei noch der kleinen gußeisernen *Gemse*, eines Geschenkes des Barons von Lützow, gedacht, die unweit davon am Wege auf einem hervorragenden Felsenriffe angebracht ist. – Hier ist man bereits auf dem steil bergab führenden Wege zur Stadt.

Das Café Kaiserpark in Karlsbad.

Karlsbader Wonnen

Heinz K. Henisch
(*1922 Neudek bei Karlsbad)

So wie es in Karlsbad gute Musik gab, bekam man dort auch erstklassige Eßwaren, und davon träume ich noch jetzt, wenn ich zurückschaue. Es gab Gänseleber, auf die das Périgord stolz gewesen wäre, und eine weitere Spezialität, unreife Hühnereier, die ich nirgendwo sonst in Geschäften gesehen habe. Da war Gamlichs Delikatessenhandlung, die geräucherten Aal, heißen Hackbraten, eine gute Auswahl an Käse und eine erstaunliche Vielfalt an Wurstsorten anbot. Sogar in der kosmopolitischen Feinschmeckerwelt von heute werden die Herrlichkeiten der deutschen und österreichischen Wurstkultur schändlich unterschätzt. Auf einer weniger hohen Ebene stand der Karlsbader Becherbitter, ein Likörgetränk, das ich gern hatte, aber aus keinem besseren Grund, als daß es für mich etwas Verbotenes war. Die Geschichte schreibt die Schuld an seiner Erfindung einem zu Besuch anwesenden Engländer zu, der unwahrscheinlicherweise Dr. Frobrig geheißen und den Karlsbadern das Rezept gegeben haben soll, um für eine Wunderkur zu danken. Bridget reagierte empört auf diese Auskunft, wobei es sonst bei ihr selten ist, verletzten Nationalstolz zu zeigen.

Natürlich gab es auch noch andere Genüsse, die sogenannten „Karlsbader Pflaumen“ jedoch, die in

England als Weihnachtsschmaus so berühmt sind, waren nirgends zu finden. Wir hatten gewiß erstklassige Geschäfte für Feingebäck; zum Beispiel das von Schmelzer in der Bahnhofstraße und, auf einer erhabeneren Stufe, das hundert Jahre alte Café „Elefant“ auf der Hauptpromenade, beides Firmen, die, so unglaublich es schien, fähig waren, für Frau Blob in Neudek eine ernste Konkurrenz darzustellen. Unter neuen Besitzern waren beide 1967 noch in Betrieb, wobei besonders der „Elefant“ seinem früheren Ruhm gerecht wurde oder wenigstens nahekam. Man konnte drinnen sitzen, und das tat man im Winter auch, oder draußen unter den Bäumen und dabei zuschauen, wenn elegante Leute vorbeigingen und Karlsbads übel schmeckendes Mineralwasser aus Bechern schlürften, als ob es ein Göttertrunk wäre. Auf der gegenüberliegenden Seite der Promenade gab es eine Reihe kleiner Boutiquen und Geschenkläden, ein hübsches und erfreuliches Bild. Motorisierter Verkehr war nicht erlaubt, nur von Pferden gezogene Kutschen mit gummibereiften Rädern. Wenn man hier eine Zeitlang saß, konnte man die übrige Welt vergessen, und das taten wir oft.

An der Promenade gab es ein oder zwei Geschäfte, in denen frisch hergestellte Oblaten gekauft werden konnten, dünne Waffeln etwa in der Größe einer Schallplatte, die, oft noch warm, nach Butter, Zucker und Mandeln schmeckten. Dies scheint eine echte Karlsbader Erfindung gewesen zu sein, die auf das frühe neunzehnte Jahrhundert zurückgeht. In Karlsbad schien der richtige Augenblick für eine kleine Besonderheit immer gegeben zu sein, und ein oder zwei Oblaten füllten die Lücke zwischen den Mahlzeiten wunderbar aus. Sie sind noch erhältlich, heute „Made in Germany" und ein bloßer Schatten ihres früheren Glanzes. ...

Solange wir in Neudek lebten, hatten meine Eltern die Gewohnheit, am Samstagnachmittag nach Karlsbad zu fahren, und während der letzten Jahre fuhr ich gewöhnlich mit. Es gab immer etwas zu tun, Vater besuchte öfters die Volksbuchhandlung und die Fußpflegeanstalt, Mutter hatte eine Anprobe bei der Schneiderin und ging dann weiter, um für die Gäste des nächsten Tages Gänseleber zu kaufen. Ich selbst schlenderte die vornehme Promenade hinauf und hinunter, in langen weißen Hosen und einer schicken doppelreihigen Jacke. Zu dieser Ausstattung gehörte auch, was damals schon weithin als „Bordellschleicherschuhe" bekannt war, und ich trug Hut und Handschuhe in den Händen, diese gänzlich unerläßlichen Teile der Ausstaffierung eines Lebemanns. Es gibt ein Photo von mir in diesem Aufzug, auf dem es mir gelingt, ebenso unschuldig wie unausstehlich selbstzufrieden auszusehen.

Gegen Ende des Nachmittags, aber manchmal schon um vier Uhr, trafen wir uns alle in einem Café, tranken Kaffee „mit Schlag", aßen Gebäck von unübertroffener Herrlichkeit und stellten uns auf die halbstündige Rückfahrt nach Neudek ein.

Karlsbad hatte viele Cafés, die sich für diesen Zweck eigneten. Die besseren beschäftigten vornehmerweise alle eine „Bridge-Dame“, deren Aufgabe es war, Leute zu Vierergruppen zusammenzuführen, wenn sie Bridge spielen wollten (was meine Eltern nicht taten). Während der Wintermonate machte ich mir sehr wenig daraus, welches Café unser Treffpunkt sein würde, aber im Frühling und Sommer, wenn die Karlsbader Saison in vollem Gange war, bedeutete mir das sehr viel.

In Karlsbad war Musik sehr beliebt, so ziemlich jede Art davon. Während der Saison waren drei Symphonieorchester tätig, von denen zwei dreimal am Tag spielten, zum Morgenkaffee, zum Nachmittagstee und zum Nachtmahl, in Gaststätten mit Tischen unter freiem Himmel, wenn es das Wetter erlaubte. Unter diesen wurde der Posthof von Liebhabern ernster Musik begünstigt, das Hotel Pupp war für leichtere Sachen bekannt, für Opern- und Operettenauszüge und dergleichen. Im Pupp war Baron von Schoeneck der Haus-Dirigent, dessen Hauptbeschäftigung darin bestand, die Herzen der Damen zu stehlen, was er mit unvergleichlicher Geschicklichkeit tat. Er hatte ein Gesicht wie Schubert und langes schwarzes Haar, zu einer Zeit, als kurzes Haar die Regel war. Er ließ sein Lächeln aufblitzen, und die Leute liebten es. „Baron“ und „von“ gehörten in Wahrheit zu seinem Künstlernamen, den er sich während eines kurzen Aufenthalts in Amerika in den zwanziger Jahren angeeignet hatte.

Großartige Musik wurde beim Pupp nicht erwartet, dagegen kam es mit Gewißheit darauf an, daß man eine Persönlichkeit mit ausgefallenem Erscheinungsbild war. Selbst im Posthof schien das Geklingel der Tassen, Untertassen und Tabletts das Orchester oder den Dirigenten nicht zu stören; es gehörte einfach dazu, als eine unvermeidliche Beigabe des Wohlstands. Andererseits redeten die Leute nur leise, während das Orchester spielte, und sie vermieden es, auf den groben Kieswegen auf und ab zu gehen, um dem Zorn des Dirigenten zu entrinnen.

Es gab auch zwei Vergnügungsstätten, in denen nachmittags getanzt wurde, das wahrhaft majestätische Hotel Imperial, das von einem Hügel herunter Aussicht auf Karlsbad bot, und das Hotel Richmond am Rande der Stadt. Wir gingen selten ins Imperial, wenn es vielleicht auch nett gewesen wäre, mit Douglas Fairbanks, John Barrymore oder Barbara Hutton zusammenzutreffen, die dort zu den häufigen Gästen gehörten. Wir gingen selten dorthin, teils weil es abscheulich teuer und teils weil es auf diesem Hügel ungünstig gelegen war. Das Richmond war eine andere Sache; da konnte man leicht von der wichtigsten Geschäftsgegend aus zu Fuß hingehen. Nach der letzten Krümmung der Promenade, die am Teplfluß entlanglief (des Goethewegs natürlich, wie könnte sie sonst geheißen haben?), kam es in Sicht, ein schimmernder weißer Palast am Fuße eines sanften Hügels, zu dem eine würdige Allee hinaufführte.

Das Richmond war auch teuer, aber nicht ganz so fürchterlich, und dort gingen wir oft hin. Der „Fünf-Uhr-Tee“ begann pünktlich um sechzehn Uhr und fand bei schönem Wetter auf der Terrasse im Freien oder sonst in einem vornehmen Saal im Innern statt. Draußen war es mir lieber. Im großen und ganzen waren meine Eltern nicht am dortigen Tanzen, nur an der hübschen Umgebung interessiert. Sie suchten sich gewöhnlich einen Tisch aus, der so weit wie möglich von der Musik entfernt war, und ich wollte immer einen, der so nahe wie möglich bei ihr stand. Zuletzt kamen wir auf eine sehr angenehme Weise überein: Sie ließen mich ungehindert zum Richmond gehen, während sie selbst sich mit Kaffee und Unterhaltung an einem ruhigeren Ort in der Stadt amüsierten.

Es gab jedoch noch ein Problem. Der alles umfassende Mindestpreis für Tee oder Kaffee und eine unbegrenzte Menge Kuchen ging weit über das hinaus, was ein Sechzehnjähriger sich leisten konnte, ungeachtet dessen, wie großzügig er mit Taschengeld versehen war. Der Preis war auf englische Besucher abgestellt, deren Pfund Sterling weit über hundert Tschechenkronen wert war, zu einer Zeit, da man sich eine hervorragende Hauptmahlzeit für zwanzig Kronen und eine durchaus annehmbare für acht kaufen konnte. Das Hotel wußte über sein „Junge-Leute“-Problem Bescheid und hatte sehr viel Verständnis. An „geeignete“ Bewerber gab es Abonnementkarten aus, die die Inhaber berechtigten, an den Tanztees teilzunehmen, wobei sie ihren

Verzehr von Speisen auf eine einzige Tasse Kaffee und ein einziges Stück Kuchen beschränkten; das mußte dann beides für zwei Stunden reichen, was keine geringe Kunst erforderte. Dafür verlangte man sechs Kronen, was vernünftig war und im Rahmen meiner Mittel blieb. Nur eine kleine Anzahl dieser Karten wurde alljährlich ausgegeben, und niemals welche an Mädchen.

Natürlich waren wir alle viel zu jung und mittellos, um dem Hotel irgendwelchen Nutzen zu bringen, und die Zahl der Leute, die zu erstklassiger Zeit wertvolle Plätze an den Tischen besetzt hielten, mußte sorgfältig begrenzt werden. Andererseits war das Hotel weitblickend genug, um zu wissen, daß wir mit jemandem tanzen würden, und jemand könnte dadurch das Gefühl bekommen, daß das Hotel Richmond ein recht gutes Haus sei. Für uns war es das sicherlich, und wir hielten diese Abonnementkarte für ein großes Vorrecht.

Es war Sitte, lange vor der Zeit der Frauenbefreiung, daß jeder beliebige Mann (und sogar ein schlaksiger Junge, der vorgab, einer zu sein) zu jeder beliebigen Dame mit oder ohne Begleitung hingehen und sich verbeugen konnte, wobei er sagte: „Darf ich bitten?" Sie war fast verpflichtet, ja zu sagen; wir wurden selten abgewiesen, aber manchmal ließ man uns fühlen, daß wir Zeit in Anspruch nahmen, die unsere Partnerinnen vorgezogen hätten, in der Gesellschaft wichtigerer Leute zu verbringen. Ich liebte die Musik und das Ritual, den Tanz und die sondierenden Gespräche; das war das richtige Leben. Obwohl es ein paar Teenager fertiggebracht hatten, sich um diese Umgebung einzuschleichen, waren diese Tanztees durch und durch die Angelegenheit von Erwachsenen, bei der würdige Anstandsformen vorherrschten und die sich völlig unterschied von allem, woran man jetzt (etwa) unter der Überschrift „Disco“ denken könnte. Der „Swing“ war gerade erst nach Karlsbad gekommen, und wir sagten immer wieder, wie sehr wir ihn liebten, ohne eigentlich eine klare Vorstellung davon zu haben.

Dieses glückselige Samstagsvergnügen machte den Frühling und den Sommer der Jahre 1937 und 1938 herrlich. Gelegentlich ging ich mit Dolfi aus, aber er war viel kleiner und schaute weniger erwachsen aus, wogegen ich verzweifelt wünschte, lieber für einen jungen Mann als für den großen Schulbuben, der ich war, gehalten zu werden. Um diesen Eindruck zu erzielen, war es erforderlich, mit jemandem, der älter war, zu gehen, oder ich ging eben allein, und dann mit einem Aussehen, als wüßte ich genau, was ich vorhabe, und besonders, als ob ich ein Eintänzer wäre, ohne den kein solches Haus jemals vollständig war.

Der Eintänzer ist gänzlich aus der Welt verschwunden, nicht weil wir alle kultivierter geworden sind, sondern weil der Gesellschaftstanz selbst beinahe verschwunden ist. Eintänzer waren Männer im Alter von Ende Zwanzig bis Anfang Dreißig, gewöhnlich auf eine prahlerische Art und Weise elegant, die von den Hotels beschäftigt wurden, um bei Damen, besonders solchen „eines bestimmten Alters“, das Gefühl zu erwecken, wieder jung zu sein. Sie waren in der Regel und soweit man das erkennen konnte keine richtigen Gigolos; jedenfalls bin ich noch jetzt naiv genug, zu glauben, daß ihre Tätigkeiten hauptsächlich auf das Tanzen beschränkt waren.

Sie saßen gewöhnlich allein, wie Gäste ohne Anhang, und hielten Ausschau nach Damen, die nicht mehr hübsch oder jung genug waren, um Partner anzulocken. Sobald die Musik zu spielen begann, war es die Aufgabe der Eintänzer, ihre Partnerinnen mit anmutigen Aufmerksamkeiten zu bezaubern, indem sie sich gutgelaunt im Quickstep über den Tanzboden bewegten. Sicherlich hoffte man immer, daß sie als Mitglieder des Hotelpersonals mit besonderem Auftrag unerkannt bleiben würden. Sie waren im Romantikgewerbe tätig, bekamen aber von ihren Partnerinnen niemals Geld.

Mir als Sechzehnjährigem erschien die Lebensweise eines Eintänzers als flott und durch und durch beneidenswert. Mein Freund Hans, der selbst hervorragendes Format als Eintänzer hatte, stimmte mir zu, und wir träumten oft davon, wie es sein könnte, wenn man nicht gerade sein ganzes Leben, aber einfach so vielleicht einen Sommer, etwa zwischen Schule und Universität, auf diese Weise verbrächte. Als wir uns etwa vierzig Jahre später in New York wieder trafen, erinnerten wir uns an diese Zeiten und beklagten die Tatsache, daß er Leiter einer Computerfirma und ich Physikprofessor geworden war. Hätte die Weltgeschichte nicht eine bestimmte Wendung genommen, so hätten wir beide Eintänzer in Karlsbad sein können; das Leben, so folgerten wir, kann manchmal recht grausame Schläge austeilen. Und doch kann ich mich, trotz all dieser lebhaften Träume von Triumph auf dem Tanzboden heute buchstäblich an keine einzige meiner Tanzpartnerinnen an diesen goldenen Nachmittagen mehr erinnern. Wenigstens das, fällt mir ein, ist etwas, das ich sicher mit all den berufsmäßigen Eintänzern, die ich beneidete, gemeinsam haben muß.

Der Brennpunkt des Interesses im Richmond war natürlich die Tanzkapelle, und in den beiden Saisons, in denen ich dorthin ging, handelte es sich um ein Acht-Mann-Ensemble, geführt und dirigiert von Norbert Faconi, der auch der wichtigste Geiger der Gruppe war. Er war ein gepflegter junger Mann, schön gekleidet und sehr würdevoll. Das ganze Image des Leiters einer Tanzkapelle hatte einige seiner modernen Nebeninhalte noch nicht angenommen. „Norbert Faconi und seine Kapelle" waren gute, ernsthafte Musiker, die in den Augen meines Vaters (aber bestimmt nicht in meinen) irgendwie die falsche Richtung eingeschlagen hatten. Gleichviel, wenn die Gruppe vielleicht auch nur einige ihrer Zuhörer sehr erfreut hat, so verärgerte sie doch niemanden und brachte es fertig, daß sie äußerst angesehen und ebenso bezaubernd war.

Faconi selbst spielte jeden Nachmittag ein Solo. Er stieg herunter auf den Tanzboden, wartete auf

Stille und fing von sich aus zu spielen an, ohne irgendwelche Begleitung. Er wählte gewöhnlich etwas Halbernstes und gelegentlich ein klassisches Stück, nur um seine Vielseitigkeit zu zeigen, und ich hielt ihn für großartig. Sein Mut, allein da draußen zu stehen, seine Körperhaltung, sein Spiel, seine Krawatte: was für ein Mann! Manchmal sah ich ihn nach dem Tanztee auf der Hauptpromenade gehen, aber ich sprach niemals mit ihm; ich verehrte ihn im geheimen als Helden.

Aus Griebens Reiseführer

Karlsbad und Umgebung, 1923

Elbogen. Die vormalige Kreisstadt Elbogen, Seehöhe 400 m, etwa 12 km südwestlich egeraufwärts gelegen, schon im Jahre 870 von den Markgrafen von Vohburg gegründet, verdankt ihre jetzige Gestalt dem großen Brande von 1725, bei welchem nur Schloß und Rathaus verschont blieben. Trotz des geringen Umfanges gehört der Ort durch seine prachtvolle Lage zu den interessantesten Städten der Tschecho-Slowakei. Von jäh abfallenden, waldgrünen Bergen umgeben, erhebt sich die Stadt mit ihrem uralten Schlosse auf dem Plateau eines steil abfallenden Granitfelsens, der die im tiefen Grunde dahinrauschende Eger veranlaßt, zwei fast rechtwinkliche Biegungen zu machen, daher der Name „Elbogen".

Eine Merkwürdigkeit der 4060 Einwohner zählenden Stadt ist die 1833-36 erbaute *Kettenbrücke*, die zweitälteste von Deutschland und Österreich (die älteste ist die zu Freiburg), ungefähr 27 m hoch, 60 m lang. Man erfreut sich hier eines herrlichen Rundbildes.

Das alte, auf Felsen thronende Schloß soll schon im 9. Jahrhundert von den Vohburgern gegründet sein. Im 14. Jahrh. gehörte es dem Böhmenkönig Johann von Luxemburg, dessen Gemahlin mit ihrem Söhnchen, dem nachmaligen Kaiser Karl IV., hier Sitz hatte. Hier wurde sie auch auf Verleumdung hin von ihrem Gemahl mit bewaffneter Macht überfallen und genötigt, ihren Aufenthalt in Melnik zu nehmen, während der kleine Prinz zuerst mit seiner Wärterin in einen Keller geworfen und später nach Pürglitz gebracht und als Gefangener behandelt wurde.

In der dem heiligen Wenzeslaus gewidmeten *Dekanalkirche* befindet sich ein schönes Hochaltarbild von Peter Brandl, die Ermordung des heiligen durch seinen Bruder Boleslaus I. im Jahre 936 am Altar der Kirche in Altbunzlau darstellend.

Schließlich sei noch ein besonderer Industrieartikel genannt, der *Elbogener Pumpernickel*, eine Art Lebkuchen, und Zuckerwerk, das weithin versandt wird. Eine Verkaufsstelle befindet sich auch in Karlsbad in der Hauptstraße, gegenüber dem *Orpheum*.

Kristallnacht in Karlsbad

Karl Josef Hahn
(*1912 Karlsbad)

Plötzlich standen sie im Wohnzimmer, etwa 10 SS-Männer und SA-Männer mit einigen Handlangern in Zivil. Sie hatten das Dienstmädchen zur Seite gedrängt und forderten in groben, überlauten Worten meine Frau und ihren Vater auf, mit ihnen zu kommen. Ich war so überrascht und noch lange nicht im Bilde über das, was hier eigentlich geschah, daß ich sie anschrie: ‚Ich bin Arier, warten

Sie vor der Tür!‘ Ich hatte in diesem Augenblick noch keine Ahnung, welches Risiko ich dabei einging, und offensichtlich waren diese Leute noch nicht lange genug im Dienst des Unholds, denn sie zogen sich tatsächlich etwas zurück.

Erst später wurde mir deutlich, daß in diesem Augenblick mein und unser Leben einen anderen Lauf nahm, als das Böse, der Ungeist, in der Verkörperung dieser primitiven Dienstknechte des Regimes, vor uns erschien. Meine Frau Renate und ich hatten drei Jahre vorher geheiratet, nach einem gemeinsamen Studium am Karlsbader Gymnasium, gemeinsamem Studium in Prag, nach einem gemeinsamen Wintersemester 1932 in Heidelberg mit Vorlesungen von Karl Jaspers. Sie erwartete gerade ihr erstes Kind, im dritten Monat der Schwangerschaft.

Ohne nachzudenken sagte ich den SS-Männern, daß ich, obwohl Nichtjude, mitginge. Wir gingen zu dritt aus dem Haus, gefolgt auf Schritt und Tritt von den Häschern. Vor dem Gartentor wartete ein junger SS-Mann in Uniform, an seiner Seite einige ältere Juden, die aus den benachbarten Häusern geholt worden waren, zerknirscht, niedergeschlagen, einige mit blutigen Gesichtern. Renate und mir rief der Mann zu: ‚Ihr beide führt den Zug an.‘ Warum blieb unerfindlich, wie so vieles in diesem magischen Teufelskreis des mysterium iniquitatis. So zogen wir an der Spitze eines armseligen Zuges schlimm zugerichteter älterer Juden durch unsere schöne und geliebte Heimatstadt, angepöbelt und angebrüllt von einer Menschenmenge, die die Straßen säumte. Welch eine Verwandlung Karlsbads, des Kurorts, in dem Menschen aus so vielen Ländern Genesung suchten und fanden - Goethe war zwölfmal hier, Beethoven und viele andere. Jetzt tobte hier der unmenschliche Wahnsinn, auf offener Straße.

Wir hielten auf einem kleinen Platz vor einem Hotel, wo schon einige Lastkraftwagen bereitstanden. Wir wurden in die Halle des Hotels geführt und mußten uns mit dem Gesicht zur Wand aufstellen. Sodann wurden wir in die Lastkraftwagen gestoßen, die alten Leute auf die gröbste Weise hineingeworfen, und es ging durch die Stadt zum Polizeigebäude, immer begleitet vom Gejohle und Brüllen der Menge, die, wie wir später hörten, von der SA aus den Vorstädten hierher geholt worden war, also keineswegs die wirkliche Stimmung der Bevölkerung zum Ausdruck brachte. Aber es waren eben viele.

Auf der Fahrt ins Polizeigebäude fingen die alten Juden zu weinen an. Es war herzzerbrechend, diese Hilflosigkeit, diese Demütigung, diese völlige Ohnmacht vor einem unbegreiflichen und ungreifbaren Feind. Da erst wurde mir deutlich, daß ich selbst in einer besseren Lage war als sie: Ich hätte nur mit meiner jüdischen Frau brechen müssen, hätte mich reuevoll zum Nationalsozialismus bekennen müssen, und ich hätte ruhig nach Hause gehen können – auch wenn es später aus anderen Gründen Schwierigkeiten mit dem System des Ungeistes gegeben hätte. Die Juden hatten keine Wahl; sie waren verurteilt, erniedrigt, gedemütigt, in den Staub getreten, ohne jeden Ausweg. Mir wurde das alles langsam bewußt, zugleich mit einem Gefühl der inneren Zufriedenheit, da ich den rechten Weg eingeschlagen hatte und durch einige Handreichungen auch helfen konnte, so einem alten Herrn, der vor der Zellentür ohnmächtig zusammengebrochen war. Ein SA-Mann sah zynisch zu.

Ich hatte das halb unbewußte Gefühl, daß das Mitleiden, das Dabeisein, die bloße Anwesenheit als Nichtjude, einen dünnen Hoffnungsstrahl oder wenigstens einen Trost darstellen mochte. Und zugleich ermöglichte es eine gewisse Distanz zum Geschehen, die die genauere Beobachtung erleichterte. Ich war dabei und war doch ein anderer. Umso mehr vereinzelt, als mir die Nähe Renates fehlte. Zu wem gehörte ich? Hier schluchzte einer, der um seine Frau und seine Kinder besorgt war, da las ein Arzt äußerlich unberührt in einem jüdischen Gebetbuch, und neben mir stand aufrecht und mutig ein jüdischer Anwalt, der mit seiner katholischen Frau völlig in der Karlsbader Gesellschaft integriert war – anscheinend überzeugt davon, daß er sich dem allgemeinen jüdischen Schicksal entziehen könne.

Gegen Mitternacht wurden wir wieder verladen, draußen hatte die johlende Menge ausgehalten und bot uns wieder ein Konzert der antijüdischen Wut – ebenso wie bei der Ankunft vor dem Bezirksgericht am anderen Ende der Stadt, wo wir in die Zellen des Gerichtsgefängnisses eingeliefert werden sollten. Dort wurden wir im ersten Stock des Gebäudes in einer langen Reihe im großen Sitzungssaal aufgestellt, und zwei SS-Männer schritten ziellos und zornig schreiend vor uns auf und ab. Draußen tobte der Mob. ...

Das Gericht lag gleich neben der sogenannten ‚Notkirche', der Kirche vom Immerwährenden Beistand Mariens. Sie gehörte den Redemptoristen, dort war meine Frau – auf eigenen Wunsch – katholisch getauft worden, dort wurden wir getraut. Jetzt, im Morgengrauen, hörte ich die Glocken dieser Kirche, im Bewußtsein, daß die uns eng befreundeten Patres gerade jetzt viel an uns denken würden. Unsere Zelle war der Kirche sehr nahe.

Da erschien in der Zellentür ein grüner Polizist, der – wie alle seine Kollegen – die untergeordneten Wachdienste im Haus zu leisten hatte – die SS hatte das oberste Kommando über alles. Er gehörte offensichtlich noch zur alten, vornazistischen Garde und hatte die nächtliche Aufsicht bei den Zellen der Frauen. Er hatte lange und sehr persönlich mit Renate an der Zellentür gesprochen, hatte sich unsere etwas romantische Geschichte erzählen lassen und kam nun zu mir, um, wie er sagte, den ‚Arier' zu sehen, der in der Kristallnacht mit den Juden ins

Gefängnis gegangen war. Er erzählte mir, daß er Renate sehr bewunderte. Sie halte sich ausgezeichnet. Nur von Zeit zu Zeit, sage sie, müsse sie kurz weinen, das ginge jedoch bald wieder vorüber.

Es tröstete mich natürlich mehr noch, was sie ihm ferner erzählt hatte. Renate mußte bei der Einlieferung ins Polizeigebäude, wie es überall vorgeschrieben ist, alle Gegenstände, die sie bei sich trug, abgeben. Sie legte dem erstaunten SS-Mann unter anderem ein metallenes Kruzifix auf den Tisch. Es hatte eine eigene Bewandtnis damit. Sie bekam es von dem uns befreundeten Jesuitenpater, der sie unterrichtet hatte, bei der Taufe im Jahre 1935, zwei Tage vor unserer Heirat. Sie hatte es immer bewahrt, es lag in der Mitte des runden Tisches in unserem Gästezimmer. Als die SS-Männer sie in der ‚Kristallnacht' abholten, bat sie, es aus dem Gästezimmer holen zu dürfen. Sie hatte all die Jahre geahnt, daß einmal eine sehr ernste Stunde kommen würde, und in dieser Stunde wollte sie das Kreuz mitnehmen. Ich greife vor: Als wir nach drei Tagen entlassen wurden, bekam sie das Kruzifix, das genau registriert worden war, zurück; es begleitete uns nach Holland, nach Italien und kehrte nach Renates Tod mit mir nach Holland zurück. Jetzt hängt es an einer unauffälligen Stelle an der Wand des Wohnzimmers und entgeht mir nie.

Den Morgen des zweiten Tages nach der Einlieferung verbrachten wir wieder im Polizeigebäude, diesmal im dritten Stock, wo in einem großen Raum mit breiten Fenstern und wunderbarer Aussicht auf die Stadt die Verhöre der Juden vorgenommen wurden. Die Bürokratie des Teufels ist genau. Vor kleinen Tischen stand jeweils ein jüdischer Häftling, der die Fragen des dahinter sitzenden Polizeibeamten beantworten mußte. Sein Leben wurde in allen wichtigen und unwichtigen Einzelheiten festgehalten, als ob es um militärische Geheimnisse ginge. Es wurden in diesen Tagen wohl gegen eine Million solcher Akten im gesamten Amtsbereich des Diktators angelegt.

Da sah ich plötzlich Renates Onkel erscheinen: Als Volljude war auch er abgeholt worden, aber die Umstände waren besonders dramatisch. Er war Anwalt, mit einer ‚Arierin' sehr glücklich verheiratet. Er genoß in der Stadt großes Ansehen, auch in den Kreisen, die ihm politisch keineswegs nahestanden, so zum Beispiel bei den ersten Anhängern Henleins, als dieser noch kein Nazi war. Hans Fleischmann, so hieß er, war Leutnant der österreichisch-ungarischen Armee im ersten Weltkrieg gewesen, viermal verwundet und einmal verschüttet worden, hatte sich freiwillig zur ersten Luftwaffe dieses Krieges gemeldet und war bei seinen ehemaligen Frontkameraden sehr beliebt. Er wurde noch 1937 zum Ehrenmitglied des ehemaligen k.u.k. Frontkämpferverbandes ernannt. Als Anwalt hatte er die Gattin eines Metzgers gegen ihren Mann, der die Scheidung beantragt hatte, verteidigt und den Prozeß gewonnen. Die ‚Kristallnacht' war nun der willkommene Anlaß für den Metzger, alte Rechnungen zu begleichen. Er erschien am 10. November in der Wohnung von Hans Fleischmann in der Begleitung von einigen anderen SA-Männern, schlug ihm vor den Augen seiner Frau und seiner zwei minderjährigen Kinder die Zähne aus und hieb ihm mit einem Prügel gegen die Schienbeine. Schließlich schleppten sie ihn zum Lastkraftwagen und warfen ihn hinauf, aber so, daß er mit dem Rücken auf die Seitenwände des Wagens fiel. Gelähmt lag er drei Tage lang im Keller des Polizeigebäudes. Auf einen Stock gestützt kam er nun in den großen Raum, in dem die Verhöre abgenommen wurden. Er mußte, vor einem blutjungen SS-Mann in Uniform, stehend die Fragen beantworten. Ich sah ihn sich mühsam aufrecht halten. Schließlich sagte er zu dem SS-Mann: ‚Ich bin auf einem Orangenkern ausgeglitten, darf ich mich setzen?' Der junge Mann, der niemals Kriegsdienst geleistet hatte, lehnte es glatt ab und sagte: ‚Sie sind im Volke beliebt. Das wollen wir nicht.'

In diesem Augenblick änderte sich die Szene schlagartig. Durch die breite Fensterwand konnte man das Panorama der Stadt mit dem gegenüberliegenden hügeligen Wohn- und Villenviertel sehen und darüber die bewaldeten Hänge des Tales. Plötzlich stieg eine riesige Feuerflamme auf, die umgeben war von schwarzen, Unheil verkündenden Rauchwolken. Kein Zweifel: Die Synagoge brannte! Sie war in derselben Aktion und von denselben Geistern der neuen Weltanschauung in Brand gesteckt worden. Ein grauenhaftes Zeichen des wilden Hasses, der nicht nur einem ganzen Volk, sondern auch seinem Glauben an seinen Gott galt. Ein eisiger Schrecken malte sich auf den Gesichtern der Juden im Raume ab, die Polizeibeamten selbst waren überrascht und wußten nicht, wie sie mit diesem unerwarteten Ereignis umgehen sollten. Es herrschte eine furchtbare Stille, bis ein älterer Beamter die Spannung brach, indem er den langen Vorhang vor das Fenster schob und das Schreckensbild unserem Blick entzog. Diese kleine Geste des Mitleids, vielleicht sogar des Verstehens, sei dem Unbekannten nie vergessen.

Erlebnisbericht 1945

Karl L. Lippert

Bereits um den 20. April 1945 herum hatte Kreisleiter Tschörner zu mir geäußert, daß ja jetzt alles keinen Sinn mehr habe und man irgendwie Fühlung mit den von Westen her vorrückenden Amerikanern nehmen müßte. In den letzten Apriltagen, nach dem letzten großen Bombenangriff auf den Oberen Bahnhof, fragte er mich in Gegenwart des Standortältesten General Schimmel ganz offiziell, ob ich es wagen würde, zu den inzwischen in Elbogen eingetroffenen Amerikanern zu fahren. Wenn ich mitmachte, so wäre Herr Generaldirektor Meisel bereit, mitzufahren. - Herr Meisel war bekanntlich vor dem Kriege belgischer Konsul in Karlsbad, was die Aufgabe, glaubte man, etwas erleichtern würde. - Ich sagte zu, und wir vereinbarten, den genauen Tag festzusetzen, sobald der Kreisleiter die Lage für reif hielt. Am Mittwoch, den 2. Mai 1945, war es soweit. Wir fuhren mit dem städtischen Mercedes 170V, auf dem wir eine weiße Serviette gehißt hatten, um 9 Uhr früh von Karlsbad weg. Außer Herrn Meisel und mir war nur noch der städtische Fahrer, ich glaube Schmidt hieß er, mit. Bis nach Horn begegneten wir noch hie und da deutschen Truppenteilen und einzelnen Soldaten; amerikanische Tiefflieger kreuzten über uns. Die deutschen Zivilisten, die wir sahen, machten einen niedergeschlagenen Eindruck. Einzelne winkten uns zu. Gerade vor der letzten großen Kehre der Elbogener Serpentine kam uns der erste amerikanische Panzer entgegen, der anhielt und seine Kanone ausschwenkte. Ich stieg aus und fragte den Soldaten, der dem Turm entstieg, wo ich in Elbogen das Kommando treffen könne. Er wies mich an den CIC, bei dem ich zuerst vorsprechen müsse. Wir fuhren weiter, fragten am Ortseingang nochmals und wurden zum Bahnhofsgebäude verwiesen. Dort war tatsächlich der CIC untergebracht. Als ich eintrat, kam mir ein Mann entgegen, der offensichtlich ein Emigrant aus Deutschland war. Er sprach mich deutsch an, wollte wissen, ob ich bei der Partei sei und anderes mehr. Ich antwortete auf englisch, damit die anwesenden Amerikaner alles verstehen konnten, daß ich nicht gekommen sei, mich mit ihm über Politik zu unterhalten. Ich käme in militärischen Angelegenheiten und müßte den Kommandierenden General sprechen. Nach einigem Hin und Her konnte ich zum Kommando der amerikanischen Besatzungstruppen im „Weißen Roß" in Elbogen weiterfahren. Dort angekommen ersuchte mich Herr Meisel, weiterhin als Sprecher aufzutreten. Wir wurden in Gegenwart mehrerer Offiziere von einem Major der Kavallerie empfangen, der mir nach einigen einleitenden Worten sagte, daß sich der kommandierende General in Eger befinde. Man werde ihn anrufen, und wir sollten uns solange gedulden. Wir setzten uns wieder in unseren Wagen und warteten ca. 2 Stunden vor dem „Weißen Roß". Schließlich kam ein Wagen mit mehreren höheren Offizieren an, und wir wurden gerufen. Der General begrüßte uns freundlicher, als das damals bei den Amerikanern üblich war und fragte nach unserem Begehr. Ich stellte mich als Beauftragter des Kreisleiters, des Standortältesten und der Stadt Karlsbad vor, der gekommen sei, erstens um die Behandlung Karlsbads als offene und Lazarettstadt zu bitten; die Tausende von Verwundeten der Wehrmacht und Kranken der hierher verlagerten Berliner Krankenhäuser rechtfertigten diese Bitte vollauf. Vor allem bat ich um Einstellung der Luftangriffe, welche sich bei dieser Zusammenballung von hilflosen Menschen verheerend auswirken mußten. Zweitens fragte ich, ob und wann wir mit einer Besetzung Karlsbads durch die Amerikaner rechnen müßten.

Der General fragte mich, ob ich mein Ehrenwort geben könne, daß Karlsbad nicht verteidigt würde. Ich antwortete, daß mir dies nicht möglich sei, weil ich diese Frage ja nicht entscheiden könne. Ich könne jedoch auf Ehrenwort erklären, daß mir der Kreisleiter versichert habe, eine Verteidigung komme nicht in Frage und es seien auch keine Vorbereitungen für eine solche getroffen. Der Amerikaner erklärte mir, daß er Karlsbad von früher her kenne und es bedauern würde, wenn die Stadt zerstört würde. Auf Grund meiner Versicherungen wolle er sein Bestes tun, um die Stadt zu schonen. Die Luftangriffe würden eingestellt. Die zweite Frage betreffend, so würde er gern nach Karlsbad kommen. Diese Angelegenheit würde jedoch noch höheren Orts (higher headquarters) entschieden. Er hoffe zuversichtlich, daß er kommen könne. Herr Meisel, den der General offensichtlich als belgischen Konsul respektierte, bestätigte meine Ausführungen. Die Unterredung dauerte eine knappe Stunde. Sodann bekam ich einen von dem Kavallerie-Major ausgestellten Passierschein, der mich berechtigte, jederzeit die amerikanischen Linien zu überschreiten. Wieder in Karlsbad angekommen, berichtete ich dem Kreisleiter in obigem Sinne. Er erwähnte dann abends im Drahtfunk das Ergebnis unserer Verhandlungen und fügte hinzu, daß „wahrscheinlich in den nächsten Tagen die

Amerikaner Karlsbad besetzen" würden. Am nächsten Tag erfuhr ich durch General Stimmel, daß inzwischen die Wehrmacht Verbindung mit der amerikanischen Stelle im Raum von Johanngeorgenstadt aufgenommen habe, die gleichfalls die wahrscheinliche Besetzung für die nächsten Tage ankündigte. Trotzdem kamen die Amerikaner nicht, abgesehen von einigen Jeeps, die die Stadt durchfuhren. Wie wir heute wissen, war höheren Orts eine Demarkationslinie vereinbart worden, welche Karlsbad den Russen überließ. Meine Mission war insofern erfolgreich, als tatsächlich die amerikanischen Luftangriffe, auch Tieffliegerangriffe, auf Karlsbad sofort aufhörten. Auch sonstige kriegerische Handlungen wurden nicht mehr vorgenommen, und Tausende deutscher Soldaten kamen über das „Loch im Westen" zwischen Meierhöfen und Horn in amerikanische statt russische Gefangenschaft. Ich war tags darauf nochmals mit meinem Wagen bis in Horn. Die große Kaiserstraße war mit deutschen Wehrmachtsfahrzeugen so verstopft, daß man kaum vorwärts konnte. Alle umliegenden Wiesen lagen voll deutscher Waffen und Munition. Es war ein trostloser Anblick. Innerhalb 24 Stunden war der Zusammenbruch vollständig geworden. Tief beeindruckt hatte mich in Elbogen eine Bemerkung des uns zuerst begegnenden Kavallerie-Majors, daß die Amerikaner eine tschechische Kommission bei sich hätten, welche bei allen Fragen, das Sudetenland betreffend, gefragt wurde. Eger kannte sie als „Cheb" usw. Der Marktplatz in

Elbogen war voll von deutschen Zivilisten, welche aus ihren Häusern geworfen worden waren, da man ihre Wohnungen für die Amerikaner beschlagnahmt hatte. Deutsche Kinder standen herum und schauten mit hungrigen Augen auf das Weißbrot, welches in Unmengen vorbeigetragen wurde. Überall ein Bild des Überflusses, welches sich von unserer Notlage umso krasser abhob. Herr Meisel hatte wohl recht, als er sagte: „Mit Amerika fängt man sich keinen Krieg an!"

Aus Griebens Reiseführer

Karlsbad und Umgebung, 1923

Burg Engelhaus. Wer die Burgruine besteigen will, gebrauche die Vorsicht, sich mit Plaid oder dergleichen zu versehen, um sich gegen den oben häufig herrschenden Zugwind zu schützen.

Kein Punkt der Umgebung von Karlsbad ist von der Romantik so umwoben wie **Burg Engelhaus.** Schon aus der Ferne fällt ihre kühne Lage auf hohem, sonderbar geformtem Klingsteinfelsen (Phonolith) dem Wanderer in die Augen; sie liegt 713 m ü. M. Der etwa 1 ½ St. lange Weg von Karlsbad geht die Prager Kunststraße empor und zieht sich dann s.-ö. auf der einförmigen Hochebene weiter bis zum Städtchen *Engelhaus*, dessen bescheidene Häuser den malerischen Burgfels umstehen.

Zu den Überresten der Burg, die immerhin noch als imposant bezeichnet werden dürfen, gehören: das erste Burgtor, das man auf dem alten Fahrwege erreicht; das turmartige zweite Burgtor, zwei Stockwerke hoch und mit regelmäßigen Fensteröffnungen versehen; zwischen beiden der ehemalige Zwinger, jetzt mit Rasen bewachsen; eine halbrunde Bastion und starke Ringmauern, südl. vom ersten Burgtor; im Burghofe ein einförmiges zweistöckiges Gebäude als die Wohnung des Burgherrn, verschiedene andere Mauerreste, verfallene Keller usw. Getrennt von der eigentlichen Burg steht an der Südseite des Berges ein einstöckiges Gebäude, welches erst im 17. Jahrhundert von einem Grafen Czernin aufgeführt worden ist, als die alte Burg bereits in Trümmern lag. Gerade von diesem hat man eine wunderschöne Aussicht.

Z wie zdravý

Alan Levy
(*1932 New York)

Ich beeilte mich, nach Hause zu kommen, deponierte das Silber in der Küche und entführte meine Familie und meine Mutter nach Karlsbad. Wir waren wieder einmal zu einem Filmfestival eingeladen worden. Die offizielle US-Delegation zeigte hier *In Cold Blood*, einen Tag nach Robert Kennedys Tod.

Den Gästen des Karlsbader Festivals wurde ein kostenloses Einzelzimmer und volle Verpflegung im Grand Hotel Moskva Pupp gewährt. Aber da ich Frau, Töchter und Mutter mitbrachte, wurden wir statt dessen (kostenlos) im Sanatorium Volgograd auf der anderen Seite des Kanals untergebracht. Als wir dort am ersten Morgen ankamen, sah die Dame am Empfang nicht einmal auf. Sie fragte einfach gelangweilt: „Was haben Sie für Beschwerden?“

„Wir sind noch nicht lange genug hier, um uns zu beschweren“, antwortete ich.

Das ließ sie aufblicken. „Wer ist Ihr Arzt?“ fragte sie als nächstes.

Ich verstand jetzt, was sie meinte, und erklärte ihr, daß wir nicht zur Behandlung hier seien. Sie sagte, daß sie unsere Reservierung nicht finden könne, solange sie unsere Diagnose nicht wüßte, da die Klientel im Sanatorium Volgograd nicht namentlich geführt werde. Oder wie sie es ausdrückte: „Ohne Beschwerden kann ich Sie nicht finden.“ Aber wir konnten sie dazu bewegen, eine ausführliche Durchsuchung vorzunehmen, Buchstabe für Buchstabe. Fünfundvierzig Minuten später entdeckte sie uns unter Z wie *zdravý*, was „gesund“ bedeutet.

Dann gingen wir zum Mittagessen hinauf, wo uns der einzige unappetitliche Schinken in der Tschechoslowakei serviert wurde. Ich bat die Kellnerin um etwas Senf, um ihn darin eintauchen zu können, aber sie sagte: „Nicht ohne eine schriftliche Bestätigung Ihres Arztes.“

Die idealste Stunde jedoch, um im Sanatorium Volgograd aufzutauchen, war um 23 Uhr abends, als Valerie und ich von einem Festspielabend mit zwei Vorstellungen heimkehrten. (Meine Mutter und die Kinder, die sich ein Zimmer teilten, waren an diesem Abend schon zu Bett gegangen.) Das Gebäude war vollständig verriegelt. Unser fünfzehnminütiges Klingeln, Pochen und Rufen weckte eine Krankenschwester mit weißer Haube, die sich aus dem Fenster eines oberen Stockwerkes lehnte und damit drohte, die Polizei zu rufen: „Wir sperren um zehn Uhr ab. Wenn es Ihnen so gut geht, daß Sie nach zehn noch solchen Lärm machen können, dann gehören Sie nicht hierher!"

„Aber wir *gehören* hierher!" jammerte Valerie. „Meine Kinder sind da drinnen."

„Blödsinn!" sagte die Dame in Weiß. „Wir nehmen niemanden unter achtzehn als Patienten hier auf."

„Bitte," flehte ich, „schauen Sie unter Z wie *zdravý* nach, und Sie werden sehen, daß wir hierher gehören."

„Vorschrift ist Vorschrift. Kommen Sie morgen früh wieder und fragen Sie in der Registratur", sagte man uns, ehe das Fenster für diese Nacht zugeschlagen wurde.

Wir mußten sie in einem Zimmer im Grand Hotel Moskva Pupp verbringen.

Karlsbader Maturanten

Peter Becher
(*1952 München)

Nachmittags auf der Freundschaftshöhe, ein Glitzern und Fädeln in der Luft, das sich zwischen den Bäumen verschleiert und eine gründuftende Kulisse webt. Spürbar die Wärme des Nadelbodens,

Vogelstimmen und Mückensummen. Unten die Häuser der Stadt, die alte Wiese im Schatten, die neue im Licht, das an den Wänden hinabgleitet, sich in den Fenstern sammelt, die Bewegung der Dächer nachzeichnet. Leicht verzerrt die Klänge einer Kurkapelle, in den Pausen das Klappern von Pferdehufen, herunterschaltende Omnibusmotoren, Hundegebell … Karlsbad im Juni 1991.

Acht Maturanten des Jahrgangs 1931 treffen sich in diesen Tagen zum ersten Mal wieder in ihrer Heimatstadt, sechzig Jahre nach der Reifeprüfung, einer ist aus Südafrika gekommen, einer aus Holland, die meisten aus Deutschland. Was für ein Wiedersehen, was für ein Sturz der Erinnerungen. In der Magdalenskirche, wo die meisten von ihnen getauft wurden, spricht ein tschechischer Vikar. In deutscher Sprache erinnert er an die verstorbenen Mitschüler: „Viele starben, wie man so sagt, eines normalen Todes, andere fielen als Soldaten im Krieg, zwei von ihren jüdischen Mitschülern fanden ihren Tod in Auschwitz. Ihrer aller wollen wir in dieser Stunde gedenken!" Worte des Erinnerns, welche die Spannweite der Tragik offenbaren: gefallene Soldaten, ermordete Juden, deren Tod niemand ungeschehen machen kann. „Versöhnung und Vergebung der Untaten, die eine unglückselige Zeit an ihrer Generation begehen ließ, führen uns hier zusammen", sagt der Vikar und zelebriert für die Überlebenden eine einfache Messe ohne Ministranten und Klingelzeichen.

Sechzig Jahre zuvor, am 16. Juni 1931 vormittags, war der Maturant, der jetzt aus Holland angereist ist, zur mündlichen Reifeprüfung angetreten. In der „deutschen Sprache" wurde er über „Hebbels Dramatik", in der „čechoslovakischen Sprache" über „K. H. Mácha: ‚Máj'" und „Byronism v Čechách" geprüft. In Mathematik mußte er die Aufgabe lösen: „6 Zahlen bilden eine geometrische Reihe; die Summe der zweiten und 5. Zahl ist 9/4, die Summe aller 6 Zahlen ist 63/8. Wie lautet die Reihe?" Noch am selben Tag wurde Hahn Karl, „geboren am 10. November 1912 zu Karlsbad in Böhmen, römisch-katholischer Religion, čechoslovakischer Staatszugehörigkeit", für „reif mit Auszeichnung erklärt".

Im ehemaligen Staatsrealgymnasium von Karlsbad ist jetzt eine Volksschule untergebracht. Ein geduldiger Direktor führt die aufgeregten Maturanten, erläutert die Nutzung der Räume, öffnet bereitwillig Türen und Erinnerungen. Die alten Schüler strahlen vor Freude und Rührung, sie sprechen mit Mädchen und Jungen, blicken durch die Fenster alter Klassenräume, erinnern sich in der ehemaligen Aula an die Klänge von Schuberts Deutscher Messe, die Stimme eines Fremdenlegionärs, die Aufregung der mündlichen Reifeprüfung. Sie begutachten das Lehrerzimmer, bewundern Zustand und Sauberkeit des Gebäudes, stellen sich schließlich zu einem letzten Klassenfoto zusammen, auf den Stufen des Portals. Er müsse sich schämen, erzählt

Hahn Karl, der gerade noch einmal seine Prüfungen bestanden hat, er habe die Matura mit lauter Einsern gemacht. In seinem Auflachen klingt noch der Stolz, der ihn vor sechzig Jahren erfüllte.

Beim Mittagessen im Restaurant Opava laufen Wunderlich Walter, der aus Südafrika angereist ist, plötzlich Tränen über die Wangen. Alles hat sich verändert in seiner Geburtsstadt, die Namen, die Menschen, die Sprache. Aber die Suppe in diesem tschechisch geführten Lokal mit Pilsner Bier und böhmischen Gerichten, die Suppe schmeckt genau wie bei seiner Mutter. Da ist alles verschwunden, das Alter, die Jahre, die Entfernung, er ist wieder der kleine, gar nicht mehr so kleine dreizehnjährige Schüler, der hungrig nach Hause kommt, seine Mutter steht schon am Tisch, gießt die Suppe in den Teller und mahnt ihn, sich die Hände zu waschen.

Alle sind aufgekratzt an diesem Tag, euphorisch, wankelmütig, deprimiert. Spät in der Nacht sitzt Hahn Karl in einer Bar, in der ein Fernseher die Videoclips aktueller Popgruppen ausstrahlt. Was für ein Gegensatz zu den Bildern des Erinnerns, was für eine Übereinstimmung, ein Flimmern und Rappeln, das einen atmosphärischen Teppich der Verrücktheiten ausbreitet. Da klirren wieder die Scheiben jüdischer Geschäfte, SA-Leute marschieren durch die Straßen, und Hahn Karl wird gemeinsam mit seiner Frau und seinem Schwiegervater abgeführt. Erst im Gefängnis entdecken die braunen

Herren, daß sie einen durch und durch arischen Mann eingesperrt haben. Umso schlimmer wiegt die Rassenschande, die er ihnen antut. Annulierung der Ehe, Konzentrationslager oder sofortige Emigration, mit schneidender Stimme zählt der Kommandant die Möglichkeiten auf. Da klirrt und scheppert die Vergangenheit, der Schein der brennenden Synagoge ist bis in die Gegenwart zu sehen und verbindet sich mit dem Rappeln der Videomusik. So haben sie uns damals behandelt, ruft Hahn Karl gegen die Lautstärke der Gegenwart an, ihm ist schwindlig von seinem Geburtsort, vom Alkohol und von den europäischen Perspektiven, die seit der sanften Revolution schmerzlich offen geworden sind. Seit dem Wegfall des Eisernen Vorhangs reißt es ihn, der sich in Rom und Brüssel einen Namen gemacht hat, von West nach Ost, von Ost nach West, wie ein Kutscher, dem seine Pferde durchgegangen sind, springt er seinen Gedanken hinterher. Und wie hat er sich entschieden, damals im Polizeigefängnis? Hahn Karl erlebt noch einmal die Angst und die Verlassenheit der Novembertage von 1938. „Ich habe keinen Augenblick gezögert, ich bin mit meiner Frau nach Holland emigriert."

Am 15. Juni 1931 trat ein anderer Oktavaner in der Aula des Staatsrealgymnasiums zur mündlichen Reifeprüfung an. In deutscher Sprache wurde er über Stefan George „Das Zeitgedicht", in lateinischer Sprache über Ovid „Tristien IV.", in englischer Sprache über Jonathan Swift „An Essay on

Das Karlsbader Kurhaus, im Hintergrund Villa Theresa (um 1900).

Conversation“ geprüft. Auch sein Lebenslauf ist in den schulischen Unterlagen genau belegt: Becher Walter, „geboren am 1. Oktober 1912 zu Karlsbad in Böhmen, röm.-katholischer Religion, Čechoslovakischer Staatszugehörigkeit, oblag seinen Mittelschulstudien seit dem Schulj. 1923/24 an dem Staatsrealgymnasium in Karlsbad und hat sie im Schulj. 1930/31 an der obengenannten Anstalt abgeschlossen“.

Jetzt geht er die ehemalige Schulstraße hinauf, die so steil ist, daß jeder Schritt dem Gewicht eines Lebensjahres entspricht. Seine Gedanken springen vor und zurück, was er zu seinen Begleitern sagt, verliert sich immer wieder in einem unverständlichen Murmeln. Verschwindend klein wirkt seine Gestalt am Anfang der Gasse, die jetzt Kolmá heißt. Hier wurde er geboren, vor beinahe 80 Jahren, aber er drängt nicht, zögert, schiebt das Wiedersehen hinaus. Dann steht er doch vor dem Haus mit der Nummer 17, steigt die Stufen zur Tür hinauf, dreht sich um, hebt eine Hand an seine Schirmmütze und blickt zu den weißen Türmen der Magdalenskirche hinunter. Ein Augenblick der Atemlosigkeit, in dem der kindliche Blick von einst mit dem des Mannes zusammenfällt, ein kurzer Augenblick, dann dreht er sich um und winkt einem Gesicht, das sich neugierig in einem Fenster zeigt. „Narodil jsem se tady“, ruft er mit aufgekratzter Stimme, in der die Fröhlichkeit gefährlich heiser klingt. Schon steigt er die Gasse weiter hinauf, erzählt von seinem Onkel und seiner Tante, die hier wohnten, von seiner

Mutter, die beide nicht mochte. Immer heftiger geht sein Atem, so steil ist die Schulgasse, so hart treffen die Erinnerungen, die wie Pfeile auf ihn zusausen. Oben auf der Panoramastraße, stützt er sich auf einen Zaun und wartet, bis der Atem seiner Stimme wieder Platz gewährt.

Dann muß er weiter, hinauf zum ehemaligen Wandervogelheim, vor dem die Jungen einst einen Kreis gebildet und Ernst Frank mit lauter Stimme gerufen hatte: „Fanget an!“ Wann war das nur, 1924, 25, 26? Während Becher Walter von Halbtagesfahrten und von wunderbaren Wochen im Sommerlager erzählt, zieht ihn der Duft der Buchenwälder immer weiter in die Vergangenheit. Hier möchte er gehen, mit leichtem Schritt und leichten Gedanken gehen, so wie er als Student in den Buchenwald hineingegangen war, in das Funkeln der frühlingsgrünen Blätter. Wie eine Billardkugel rollt die Erinnerung in seinem Schädel, hier kennt er jeden Weg, jede Steigung, den birkenumrahmten Platz, auf dem er als Junge Ball gespielt, das Weiß der Baumstämme so stark vor den Augen, daß es durch all die Jahrzehnte hindurchzuschimmern vermag. Und tatsächlich, da befindet sich noch immer der Platz, stehen noch immer die Birken, schimmert noch immer die weiße Farbe ihrer Rinde, nichts hat sich verändert, die 90er Jahre folgen unmittelbar auf die 20er Jahre, alles ist, wie es war.

Am Nachmittag fährt Becher Walter nach Drahowitz. Hier hat das Haus seiner Eltern gestanden, von hier ist er 1945 in den Westen geflohen. „Drahowitz, Grumbachstr. 141“ ist ein alter Koffer beschriftet, der noch von seinem Vater stammt. Hier bildet sich der innerste Knoten der Erinnerung. Halt, ruft er dem slowakischen Taxifahrer zu, weiter, weiter, halt, hier muß es gewesen sein! Schon hat er die Türe aufgerissen, läuft mit seinem Fotoapparat davon, knipst das Gelände, wo das Haus seiner Eltern, sein Zuhause nicht mehr steht, knipst das Nachbarhaus, das immer noch steht, erzählt von seinem Vater, der jeden Tag nach Fischern zur Arbeit hinuntergegangen war, von seiner Mutter, die ihre schweren Einkaufstaschen heraufgetragen hatte, von seiner Schwester, die so früh gestorben, vom Garten, in dem er ein Schwert vergraben, vom letzten Tag, an dem der Nachbar in der Dunkelheit gerufen: „Bist du es, Walter?“ Und er nur noch zurückgeflüstert: „Sei still, Nachbar, laß mich gehen …“. Wie ein Kalcidoskop dreht sich die Erinnerung.

Erst auf der Goethewarte, der ehemaligen Stephanie-, Stifter- und Stalinwarte, werden Becher Walters Gedanken ruhiger, die Erinnerung steht wieder wie eine große klare Antwort am Horizont, darunter ziehen sich grauverschwommen die Höhenlinien von Karlsbad, deutlich ist die Freundschaftshöhe zu erkennen, der Flugplatz, der Vulkangipfel von Engelhaus. Da glättet sich seine Stirn, seine Augen bekommen einen warmen Glanz, jetzt, sagt er, brauchen wir einen Apfelstrudel und einen Kaffee.

Später im Taxi fährt er durch die Luft, als könne er alle Bilder wegwischen, mit rauher Stimme ruft er plötzlich: „To je prdel světa“, „das ist der Arsch der Welt!“ Ein befreiendes, nahezu ordinäres Lachen, in das der Taxifahrer einstimmt, das seine Seele schützt, die in diesem Augenblick ganz offen, ganz wund ist. In Pirkenhammer überrollt ihn eine letzte Welle der Erinnerung, das Haus, in dem seine Mutter aufgewachsen, wo sie den 70. Geburtstag der Großmutter gefeiert hatten, sogar der Holzschuppen hinter dem Haus steht noch am Hang, da nisten Kindheit, Enkelglück, Festtagsstimmung und Bratengeruch. Was für ein Tag, so in wenigen Stunden durch 70, 75 Jahre der Vergangenheit zu fahren. ...

Am Abend sitzen Wunderlich Walter aus Südafrika, Hahn Karl aus Holland, Becher Walter aus Deutschland mit den anderen Maturanten im Tschaikowsky-Saal des Hotels Pupp an einem hufeisenförmigen Tisch und reden und lachen, als ob die 90er Jahre tatsächlich direkt auf die 20er folgten. Wovon der Eiserne Vorhang so schmerzlich trennte, haben die Kulissen der Kindheit nahezu unverändert konserviert. Die Vergangenheit ist sichtbar präsent. Nur die Toten wissen es besser und erzählen davon, daß nichts ungeschehen gemacht werden kann und daß sich nichts wiederholt.

Aus Griebens Reiseführer
Karlsbad und Umgebung, 1923

Pirkenhammer, einfach **Hammer** genannt, Station der Karlsbad-Marienbader Bahn, ein Dorf, das sich eine Viertelstunde weit an der Tepl hinzieht, ist ein von den Kurgästen häufig besuchter Ausflugsort an der Tepl, rings von mit Nadel- und Laubwald bedeckten Bergen umgeben und als Sommerfrische wegen seiner anmutigen Lage und seiner malerischen Umgebung sehr geschätzt. Der Ort schließt sich gleich an den Golfplatz oberhalb des Kaiserparks an Karlsbad südlich an, und es münden die herrlichen Promenaden, und zwar der Bouturlinweg, Faulenzerweg, Nikolaus-Dumba-Weg, Elisabeth-Weg und Taxis-Weg, gleich unterhalb des Ortes ein. Im Dorfe selbst ist die *Restauration Habsburg*. Am oberen Ende befindet sich die **Schießstätte der Karlsbader Schützen** (24 Scheibenstände auf 100, 150, 175 und 300 m Entfernung); daneben das im Egerländer Stil erbaute *Café und Restaurant Schützenmühle* (Bedienung in der Egerländer Tracht).

An Sehenswürdigkeiten bietet Pirkenhammer die *historische Schmiede*, in der Zar Peter der Große im Jahre 1712 eigenhändig ein Hufeisen schmiedete (Gedenktafel); ferner das im Jahre 1892 erbaute reizende *Marienkirchlein* im gotischen Stil.

Am oberen Ende des Ortes ein *Körner-Denkmal* nächst der Schützenmühle wobei die *Körner-Gloriette*, errichtet zur Erinnerung an den Dichter, der den Ort wegen seiner schönen Lage verewigte.

Zu nennen ist noch der *Schloßberg*, 616 m, mit seinen schönen Basaltkegeln, sowie die drei hier einmündenden Täler der Lamnitz, des Zinnbachs und der oberen Tepl.

Der Denkmalpfleger in Karlovy Vary

Hugo Rokyta
(*1912 Kamiensk †1999 Moravské Budějovice)

Was ich dort gelebt, genossen
Was mir all dorther entsprossen
Welche Freude, welche Kenntnis
Mög es jeden so erfreuen
Die Erfahrenen, die Neuen!

Johann Wolfgang von Goethe

Die Verse stehen am Sockel des Goethedenkmals von A. Dondorf, das seit 1952 auf der Promenade nahe dem Hotel „Pupp“ steht.

Auf der Kolonnade ist das berühmte lateinische Epigramm des Humanisten Bohuslav Lobkowitz von Hassenstein (1462-1510) zum Ruhme von Karlsbad eingemeißelt. - Johann Wolfgang Goethe weilte zwölfmal in Karlsbad zur Kur und kam ein dreizehntes Mal von Marienbad hierher zu Besuch. Als er 1785 zum ersten Mal nach Karlsbad gekommen war, wohnte er auf der Alten Wiese im Hause „Weißer Hase“. Im Jahre 1786 wohnte er im Hause „Mozart“ auf der Alten Wiese (Stará louka 18/371). Eine Tafel erinnert an seinen Aufenthalt: „Hier wohnte Goethe 1786“. Auch Herder, Frau von Stein und der junge Herzog Carl August von Weimar waren 1785 hier. Goethe äußerte sich damals:

„Es war, als ob der Thüringische Musenhof plötzlich nach Böhmen versetzt worden.“

Von Karlsbad trat Goethe am 3. September 1786 seine Reise nach Italien an. Im Sommer 1791 weilte Friedrich Schiller zur Kur in Karlsbad.

Das Karlsbader Stadttheater wurde in den Jahren 1884-1886 von den Architekten F. Fellner und H. Helmer erbaut (Gedenktafel). Das alte Theatergebäude wurde am 22. Juli 1788 mit Wolfgang Amadeus Mozarts Oper „Die Hochzeit des Figaro" eröffnet.

Im August 1791 besuchte ein Mitglied des literarisch engagierten Geschlechts von Kleist Karlsbad; Franz Alexander von Kleist (1769-1797), preußischer Offizier, Jurist und Legationsrat, an Wielands Schriften geschult, schrieb in seinem poetischen Reisebuch „Fantasien auf einer Reise nach Prag von Dresden und Leipzig in der Richterschen Buchhandlung 1792":

„... den 21ten August. Gleich der erste Anblick vom Carlsbad war für mich romantisch; ich sah mich in einer finstern Nacht, zwischen Felsen, an denen Häuser hingen, oder vielmehr Irrlichter zu wandeln schienen, so täuschte das schimmernde Licht durch die Fenster; vor mir kreuzende Blitze, die nur die Gegend zu erhellen schienen, um einen Irrtum zu heben und einen andern zu wecken. Hoch über der Stadt mir zu Linken glänzten drey Kreuze aus einer erleuchteten Capelle."

Während seines Aufenthaltes im Jahre 1811 hat der Dichter der Freiheitskriege Karl Theodor Körner (1791-1813) in den „Erinnerungen an Karlsbad" eine poetische Topographie der Kurstadt verfaßt. Er schilderte mit Vorliebe die „Örtlichkeiten", welche von den „Kurländischen Damen", seiner Gönnerin und Patin Herzogin von Sagan, deren Tochter und seiner mütterlichen Freundin, der Schriftstellerin Elisa von der Recke, aufgesucht wurden und stimmte ein poetisches Lob auf das Tepl-Flußtal und die nahe Burg Elbogen an.

Im August des Jahres 1829 wohnte Adam Mickiewicz (1798-1855) während seines ersten Aufenthaltes in Karlsbad im Haus „Zum Pfeil" („U šípu") auf der „Neuen Wiese" (Marienbader Straße, Zimmer Nr. 4). Vor seiner Abreise verabschiedeten sich seine polnischen Freunde von ihm im „Posthof". Im Jahre 1870 wurde dem polnischen Dichter auf Veranlassung des polnischen Patrioten Alexander Graf Przezdziecki am Haus eine Gedenktafel gesetzt. Am Ausgang des Kurparks steht das Denkmal „Excellentissimus poeta Poloniae", das im Jahre 1897 von polnischen Kurgästen errichtet wurde.

Im Juni des Jahres 1834 besuchte Carl Gustav Carus (1789-1869), vielseitig engagierter Arzt, Professor in Dresden, Philosoph, Maler und Kunstschriftsteller, der mit Goethe in freundschaftlichem Verkehr stand, zum ersten Mal Karlsbad. Er berichtete über seinen Aufenthalt in seinen „Lebenserinnerungen und Denkwürdigkeiten":

„Am andern Tage im nebeligen Morgen über den Kamm des Erzgebirges, am Fichtelberg vorüber und durch das arme graue Joachimsthal nach dem lustigen Karlsbad, wo die verschiedensten Physiognomien der Menschen wie des Baustils sich begegnen! Wir speisten an reich besetzter Wirthstafel im „Paradiese“ und wirklich war die mannigfaltigste, wenn auch nicht immer ganz paradiesische Gemeinde da zusammengekommen! Dann ein Gang zum Sprudel, diesem wunderbaren Phänomen, an welchem man nun schon so lange herumerklärt, fast wie an einem Genie!“

August Graf Platen von Hallermünde berichtet in seinem Tagebuch über seine Reise von Karlsbad nach Prag:

„Wir fuhren in zwei Chaisen nach Karlsbad ab. In der meinigen saß eine Chirurgenfrau aus Karlsbad, ein Kaufmann aus Augsburg und ein junger, beinahe stummer Mensch. Dessen Bruder jedoch, der im anderen Wagen saß, den ich aber des Abends und Morgens sprach, war ein gebildeter junger Mann, und gab sich viel Mühe mit uns in Hinsicht der böhmischen Aussprache, besonders des z, das er mir so lange vorsagte, bis ich es traf, ließ mich auch lesen in meiner Grammatik.“

Im Jahre 1841 ließ sich in Karlsbad der Porträtmaler Georg Kordik (*1818 Wetzelsberg, Niederbayern) nieder. Er absolvierte die Kunstakademie in München. Nach Kunst- und Kavaliersreisen nach Schweden, Rußland und Italien begann er in Karlsbad bedeutende Besucher der Kurstadt zu porträtieren: König Otto von Griechenland, Nikolaj Tolstoj und seine Kinder, den Bruder von Lev Nikolaj Tolstoj, den Komponisten Michail Glinka, den Bildhauer Josef Max, den Prager Maler August Piepenhagen, Franz Liszt, Emanuel Geibel, Karl Piloty, den Historiker Konstantin Hoefler und den Slawisten Václav Hanka, den Komponisten Franz Laub, Berthold Auerbach und den Architekten Bernhard Grueber, den Dramatiker Kotzebue und 1866, während seines letzten Aufenthalts in Karlsbad, Adalbert Stifter. Georg Kordik starb am 2. März 1866 in Karlsbad. Sein Grabmal stammt von seinem Freund Thomas Seidan.

Am 15. September 1849 um 11 Uhr traf – laut Tagebuch – der deutsche Maler Carl Spitzweg, von Eger über Elbogen kommend, in Karlsbad ein, wo er in der Gaststätte „Zum Hirschsprung“ abstieg. Mittags war er dann im Café „Elephant“ auf der „Alten Wiese“, wo er auch am anderen Morgen Kaffee trank.

Im Jahre 1865 war Adalbert Stifter mit seiner Ehefrau Amalie zur Kur in Karlsbad. Den „Nachsommer-Menschen“, mit Adalbert Stifter an der Spitze, verdankt das späte 19. Jahrhundert den liebevoll gehegten Kult illustrer Namen und die auch in Karlsbad einsetzende kulturgeschichtlich motivierte Geographie der Dichtergedenktafeln und Gedenkstätten. Von diesem Kult zeugt ein Brief Adalbert Stifters vom 21. und 22. Mai 1865 an Freiherr Adolf von Kriegs-Au:

„Ich gehe hier gerne den geweihten, goldenen Spuren eines der größten Menschen nach, die je gelebt haben, eines Menschen, der dieser Stadt eine besondere Theilnahme geschenkt hat, so weit ich nähmlich die Spuren noch zu entdecken vermag; denn die Menschen haben hier gar nichts gethan, sie kennbar zu machen und sie zu erhalten - den Spuren Göthes. Ich habe, die Geistes- und Herzensgaben abgerechnet, eine ungemeine Ähnlichkeit in meinem sonstigen Wesen mit Göthe, daß ich mich zu diesem Menschen, wie mit Zauber hingezogen fühle, und der Gedanke, in diesem Zimmer hat er gewohnt und auf diesem Wege ist er gegangen, an jener Stelle hat er gegessen, erfüllt mich mit Ehrfurcht und mit einer Art Wehmuth; denn das alles ist jetzt vorüber, nur die Werke dieses Mannes stehen noch wie ein Berg da, und der Berg wird immer größer. Morgen werde ich ein lebendiges Denkmal Göthes besuchen, den 92jährigen Archivrath Kästner, den Sohn von Göthes Lotte (Wetzlar). Er besitzt viele Handschriften Göthes, nähmlich Briefe an seine Eltern, Albert und Lotte Kästner etc. Vielleicht hat er etwas hier. Ich habe noch ein Papier gesehen, auf dem Göthes Hand geruht hat und auf das er Buchstaben geschrieben hat. Man findet um Karlsbad viele „Ruhe" und „Sitz" und „Promenade" von Prinzen und Machthabern und dergleichen. Nun, in so fern diese Leute weit mehr Mittel zum Guten haben und sie gebrauchen, ist alles in Ordnung, aber das man hier auch die feiert, die bloß einen Rang haben oder ein gut Stück Geld hier lassen, und daß man die Denkmale an Göthes, Schillers, Beethovens Aufenthalt in Karlsbad vergeblich sucht, und erforschen will (selber haben sich solche Leute keines gesetzt) ist nicht in der Ordnung. Wann wird denn einmal die Menschheit sich in ihrer Größe und in ihren Fehlern zu erkennen anfangen."

Eine Gedenktafel am Haus Nr. 4 am Schloßberg (Zámecký vrch) errinnert an die Anwesenheit des

ungarischen Dichters János Arany (1817-1882) in den Jahren 1869, 1870, 1871, 1872, 1873, 1874, 1875 und 1876.
Zu den meistbeachteten Kurgästen von Karlsbad gehörte Karl Marx. Laut Karlsbader Kurliste Nr. 238 (Sonntag den 22. August 1874) wohnte Karl Marx mit seiner Tochter Eleanor im Hause „Germania" am Schloßberg (jetzt Olympia-Palace-Hotel, Zámecký vrch 11). Die Eintragung lautet:

„Herr Charles Marx, Privatier, mit Tochter Eleanor aus London - Wohnung: Germania, Schloßberg. Ankunft 19. August."

Das Karl-Marx-Denkmal von K. Kuneš (1957) erinnert an seine Aufenthalte in Karlsbad in den Jahren 1874, 1875 und 1876. Die Aufenthalte von Karl Marx in Karlsbad hat Egon Erwin Kisch in seiner literarischen Reportage „Karl Marx in Karlsbad" dargestellt. Die Erinnerungen an Karl Marx und seinen Aufenthalt in Karlsbad sind im „Karl-Marx-Museum" (ulice Karla Marxe 3/21) in einer übersichtlichen und chronologischen Darstellung festgehalten.

In Karlsbad wurde der deutschböhmische Mundartendichter Josef Hofmann geboren (*19. 3. 1858 † 21. 6. 1943). Er hat zwei bedeutende ethnographische Bücher verfaßt, „Ländliche Bauweise des 18. und 19. Jahrhunderts Westböhmens" (1930) und „Deutsche Volkstrachten und Volksbräuche in West- und Südböhmen" (1932).

Der Dichter Erwin Guido Kolbenheyer entstammt mütterlicherseits einer Karlsbader Familie. Er hat einige Jugendjahre in Karlsbad und Eger verbracht.

Am Hotelgebäude „Central“ erinnert eine Gedenktafel mit einer Bildnisplakette an den Aufenthalt des russischen Schriftstellers Alexej Tolstoj in Karlsbad. Inschrift (tsch.):

„Hier lebte und gebrauchte im Jahre 1930 die Kur der sowjetische Schriftsteller Alexej Tolstoj.“

In der Zeit vom 6.-31. August 1819 tagte in Karlsbad eine von Metternich einberufene Ministerkonferenz. Anlaß dieser Konferenz war die Ermordung des Dichters August von Kotzebue am 23. März 1819 in Mannheim durch den extremistischen Burschenschaftler Karl Ludwig Sand, einem Teilnehmer am Wartburgfest im Jahre 1817. Die auf der Konferenz festgelegten, als „Karlsbader Beschlüsse“ bekanntgewordenen Maßnahmen wurden am 20. September 1819 vom Bundestag bestätigt. Sie enthielten eine Exekutivordnung für die Bundesbeschlüsse, legten die Überwachung der Universitäten und die Zensur für Zeitschriften und Bücher unter zwanzig Bogen fest. Außerdem wurde die Einsetzung einer Zentraluntersuchungskommission gegen demagogische Umtriebe beschlossen, eine vom Deutschen Bund in Mainz errichtete Behörde (1819-1829), die nach dem „Hambacher Fest“ (1832) ihre Tätigkeit von 1833-1842 in Frankfurt fortsetzte und im Jahre 1848 aufgelöst wurde.

„Brunnenkur und Topfenstrudel" nennt Paul Morgan jene Kapitel aus der Bädergeschichte der westböhmischen Kurorte zur Zeit, als Böhmen noch zu Österreich gehörte und die Kurgäste in „diesen himmlischen Kurstädten" Vorschriften strenger Diät mit Orgien von Gourmanderie in Einklang zu bringen verstanden.

„Die Marien-, Karls- und Franzensbader Gaststätten haben für jeden etwas Weihevolles, Andachtheischendes. Der Duft ihrer Braten, der Hauch ihrer Gemüse und das Aroma ihrer Mehlspeisen lassen die Schwärmerei von Arabiens Wohlgerüchen unbegreiflich erscheinen. Liebevoll betreut dich der Kellner, seine Augen leuchten, wenn er dir von der Knusprigkeit des „Tafelspitzes" erzählt und von der Würze der Schnittlauchsauce. Seine Stimme bekommt einen sinnlichen Klang, wenn er dir zuflüstert, daß heute „Topfenstrudl" zu haben wäre, und legt dir gar Marillenknödl ans Herz – da fühlst du das Bestreben eines wahrhaft guten Menschen, seinen Bruder glücklich zu machen."

Paul Morgan, *Stiefkind der Grazien*

Eine steinerne Pyramide und die Straßenbezeichnung „Findlater Weg" erinnern an einen Freund des Bades, den schottischen Lord Findlater. Er ließ um die Jahrhundertwende einen im Empirestil gehaltenen Gartentempel errichten.

Das Schiller-Denkmal, ein steinernes Relief, eingeschlossen in eine Pergola in den Stilformen der Sezession von F. Ohmann wurde im Jahre 1929 im Kurpark aufgestellt.

Anmerkungen

• Die im Inhaltsverzeichnis mit einem Sternchen (*) versehenen Überschriften stammen vom Herausgeber, in allen anderen Fällen handelt es sich um Originaltitel. Einige Artikelüberschriften wurden im Inhaltsverzeichnis aus satztechnischen Erwägungen in verkürzter Form wiedergegeben. In einigen Fällen konnten die Lebensdaten der Autoren nicht oder nicht vollständig erhoben werden. Der Verlag dankt für entsprechende Hinweise, die eine Vervollständigung ermöglichen.
• Kürzungen innerhalb geschlossener Textpassagen wurden im allgemeinen durch drei Punkte kenntlich gemacht.
• Einige der aus Originalquellen übernommen Personennamen weichen in ihrer Schreibweise von der heute üblichen Form ab (z.B. Przemysl für Přemysl). Im Interesse einer hohen Textauthentizität wurde auf Anpassungen verzichtet.
• Da in historischen Texten die ehemaligen deutschen Ortsbezeichnungen üblich waren, scheinen diese auch in der vorliegenden Sammlung ohne gesonderte Kennzeichnung auf. Seit 1945, als das vom Großteil seiner angestammten deutschen Bewohner „gesäuberte" Karlsbad von tschechischen Bürgern besiedelt wurde, stehen die tschechischen Analoga in Verwendung. Darüberhinaus wurden im Laufe der Jahrzehnte einige Straßen- und Ortsbezeichnungen aus national- oder kulturpolitischen

Erwägungen geändert. Sofern die alten Bezeichnungen in historischen bzw. literarischen Texten Aufnahme fanden, wurden sie auch in dieser Publikation unverändert beibehalten, da sie zum unveräußerlichen kulturhistorischen Besitzstand der heutigen Stadt Karlovy Vary gehören.

Tschechische Entsprechungen der wichtigsten im Text aufscheinenden deutschen Ortsbezeichnungen

Aicha	Doubí
Alte Wiese	Stará louka
Brüx	Most
Buschtiehrad	Buštěhrad
Chodau	Chodov
Dallwitz	Dalovice
Dreikreuzberg	Vrch U tří křížů
Eger (Fluß)	Ohře
Eger (Stadt)	Cheb
Elbogen	Loket
Engelhaus	Andělská Hora
Fischern	Rybář
Freundschaftshöhe	Výšina přátelství
Gieshübel-Sauerbrunn	Kyselka

Hammern (Pirkenhammer)	Březová
Hans-Heiling-Felsen	Svatošské skály
Hassenstein	Hasištejn
Joachimsthal (Sankt)	Jáchymov
Kaaden	Kadaň
Karlsbad	Karlovy Vary
Komotau	Chomutov
Kuttenberg	Kutná Hora
Laun	Louny
Maierhofen (Maierhöfen)	Dvory
Marienbad	Mariánské Lázně
Mährisch Budwitz	Mor. Budějovice
Mühlbrunnen	Mlýnský pramen
Neudek	Nejdek
Poppitz	Popice
Posthof	Poštovní dvůr
Prag	Praha
Pürglitz	Křivoklát
Rosnitz	Rosnice
Saaz	Žatec
Schlackenwerth	Ostrov
Schlaggenwald	Horní Slavkov
Schloßberg	Zámecký vrch
Sprudel	Vřídlo
Tepl (Fluß)	Teplá
Teplitz	Teplice
Trahowitz	Drahovice
Znaim	Znojmo

Quellenangaben

(In der Reihenfolge der Texte, mit Ausnahme der historischen Reiseführerzitate.)

Mein Österreich, mein Heimatland. Band II. Verlag für vaterländische Literatur, Wien 1916.

Vinzenz Prökl: Geschichte der Kurstadt Karlsbad. Kommissionsverlag von Hans Feller, Karlsbad 1883.

Karlsbad im Munde seiner Gäste. Lob- und Docksprüche aus fünf Jahrhunderten. Verlag der Stadtgemeinde Karlsbad 1932.

Theodor Körner: Werke. Bibliographisches Institut. Leipzig und Wien 1893.

Ludwig Bechstein: Deutsches Sagenbuch. F. W. Hendel Verlag zu Meersburg und Leipzig 1930.

Vinzenz Prökl: Geschichte der Kurstadt Karlsbad. Kommissionsverlag von Hans Feller, Karlsbad 1883.

Ernst Frank: Das berühmte Carolsbad. Volk und Reich Verlag, Prag 1944.

Johannes Urzidil: Goethe in Böhmen. Verlag Dr. Hans Epstein, Wien 1932.

Erwin Guido Kolbenheyer: Karlsbader Novelle. Georg Müller Verlag, München 1929.

Johann Wolfgang Goethe: Aus Goethes Tagebüchern. Insel-Verlag, Leipzig 1908.

Theodor Körner: Werke. Bd 1-3. Deutsche Verlagsanstalt, Stuttgart 1890. Bd 1: Gedichte.

Karlsbad im Munde seiner Gäste. Lob- und Danksprüche aus fünf Jahrhunderten. Verlag der Stadtgemeinde Karlsbad 1932.

Karlsbad im Munde seiner Gäste. Lob- und Danksprüche aus fünf Jahrhunderten. Verlag der Stadtgemeinde Karlsbad 1932.

Ludwig Achim von Arnim: Fürst Ganzgott und Sänger Halbgott. Eine Badeunterhaltung aus Karlsbad, o.O., o.J.

Charles Sealsfield: Österreich, wie es ist oder Skizzen von Fürstenhöfen des Kontinents. Kunstverlag Anton Schroll & Co. Wien 1919.

Erwin Guido Kolbenheyer: Weihnachtsgeschichten. Orion-Heimreiter-Verlag, Heusenstamm 1978.

Vinzenz Prökl: Geschichte der Kurstadt Karlsbad. Kommissionsverlag von Hans Feller, Karlsbad 1883.

Egon Erwin Kisch: Prager Pitaval, Späte Reportagen, Aufbau-Verlag, Berlin u. Weimar 1969.

Karlsbad im Munde seiner Gäste. Lob- und Danksprüche aus fünf Jahrhunderten. Verlag der Stadtgemeinde Karlsbad 1932.

Theodor Fontane: Jenseits von Havel und Spree. Reisebriefe. Rütten & Loening, Berlin 1984.

Österreichs Land und Leute in Wort und Bild. 2. Band. K. K. Universitäts-Buchhandlung Georg Szelinski, Wien um 1910.

Karlsbad im Munde seiner Gäste. Lob- und Danksprüche aus fünf Jahrhunderten. Verlag der Stadtgemeinde Karlsbad 1932.

Karlsbad im Munde seiner Gäste. Lob- und Danksprüche aus fünf Jahrhunderten. Verlag der Stadtgemeinde Karlsbad 1932.
Karlsbad im Munde seiner Gäste. Lob- und Danksprüche aus fünf Jahrhunderten. Verlag der Stadtgemeinde Karlsbad 1932.
Karlsbad im Munde seiner Gäste. Lob- und Danksprüche aus fünf Jahrhunderten. Verlag der Stadtgemeinde Karlsbad 1932.
Karlsbad im Munde seiner Gäste. Lob- und Danksprüche aus fünf Jahrhunderten. Verlag der Stadtgemeinde Karlsbad 1932.
Heinz K. Henisch: Erster Tanz in Karlsbad. © 1996 by Universitas in der F.A. Herbig Verlagsbuchhandlung GmbH, München.
Karl Josef Hahn: Kristallnacht in Karlsbad. © Karl Josef Hahn, Vitalis Buchverlag, Prag 1998.
Die Vertreibung der deutschen Bevölkerung aus der Tschechoslowakei. Band II/2. Herausgegeben vom ehemaligen Bundesministerium für Vertriebene, Flüchtlinge und Kriegsgeschädigte. Weltbild Verlag, Augsburg 1994.
Alan Levy: Verlorener Frühling. © Alan Levy; Vitalis Buchverlag, Prag 1998.
Peter Becher: Zwischen München, Prag und Wien. © Peter Becher, München 1995.
Hugo Rokyta: Die Böhmischen Länder – Böhmen. Vitalis Buchverlag, Prag 1997.

Der Verlag dankt den jeweiligen Rechteinhabern für die Erteilung der Abdruckgenehmigung. Da die Inhaberschaft der Autorenrechte nicht in allen Fällen geklärt werden konnte, werden etwaige Rechteinhaber gebeten, sich mit dem Verlag in Verbindung zu setzen.

In gleicher Ausstattung erschienen in der Reihe „LeseReise“:

Band 1 Prag
Band 2 Böhmen
Band 3 Mähren
Band 4 Böhmerwald
Band 5 Riesengebirge
Band 6 Karlsbad
Band 7 Krummau

Weitere Bände sind in Vorbereitung.

Ein ausführliches Gesamtverzeichnis des Vitalis-Verlages erhalten Sie in Ihrer Buchhandlung oder direkt beim Verlag:
Vitalis GmbH
Konrad-Utz-Straße 6
D-93437 Furth im Wald
www.vitalis-verlag.com

Bei Vitalis erschienen ferner die folgenden Bände:

Binder, Hartmut: **Wo Kafka und seine Freunde zu Gast waren.**
256 Seiten, 23 x 29,7 cm, gebunden, Schutzumschlag, mit zahlreichen, zum Teil erstveröffentlichten Fotos von Prager Kaffeehäusern und anderen Lokalitäten der Jahrhundertwende und einem Orientierungsplan im Vorsatz, ISBN 3-934774-01-6, DM 49,80/öS 364,-/sFr 49,80

Boy, Miriam (Hg.): **Pragerinnen.**
264 Seiten, 21 x 13 cm, gebunden, mit Schutzumschlag und fotografischen Abb., mit einem Vorwort der Herausgeberin, ISBN 80-85938-00-6, DM 29,80/öS 219,-/sFr 29,80

Brandner, Meret (Hg.): **Tschechische Erzählungen aus Prag.**
184 Seiten, 21 x 13 cm, gebunden, mit Illustrationen von Karel Hruška und einem Vorwort der Herausgeberin,
ISBN 80-901621-4-2, DM 19,80/öS 145,-/sFr 19,80

Čapek, Karel: **Aus einer Tasche in die andere.**
296 Seiten, 21 x 13 cm, gebunden mit farbigen Illustrationen von Karel Hruška,
ISBN 3-934774-34-2, DM 34,80/öS 254,-/sFr 34,80

Grüny, Christian (Hg.): **Jüdische Erzählungen aus Prag.**
200 Seiten, 21 x 13 cm, gebunden, mit Illustrationen von Karel Hruška und einem Vorwort des Herausgebers,
ISBN 80-901621-1-8, DM 19,80/öS 145,-/sFr 19,80

Hahn, Karl Josef: **Kristallnacht in Karlsbad.**
Dt. Erstausgabe, 112 Seiten, zweisprachig: deutsch und tschechisch, 21 x 13 cm, gebunden, mit fotographischen Abb. und einem Vorwort von Jiří Gruša, sowie einem Nachwort von Ferdinand Seibt, ISBN 80-85938-50-2, DM 19,80/öS 145,-/sFr 19,80

Huppert, Jehuda: **Theresienstadt - ein Wegweiser.**
128 Seiten, 21 x 13 cm, gebunden, durchgehend farbig illustriert, mit einem Vorwort von Zeev Utitz,
ISBN 80-7253-000-3, DM 24,80/öS 184,- /sFr 24,80

Levy, Alan: **Verlorener Frühling.**
Ein Amerikaner in Prag 1967 - 1971.
Dt. Erstausgabe, 504 Seiten, 21 x 13 cm, gebunden, mit Schutzumschlag, ISBN 80-85938-31-6, DM 39,80/öS 294,-/sFr 39,80

Musäus, Johann Karl August:
Rübezahl - Legenden aus dem Riesengebirge.
144 Seiten, 21 x 13 cm, gebunden, mit Illustrationen von Ludwig Richter und einem Nachwort von Otfried Preußler,
ISBN 3-934774-15-6, DM 24,80/öS 184,-/sFr 24,80

Němcová, Božena: **Die Großmutter** (Babička).
400 Seiten, 21 x 13 cm, gebunden, mit Illustrationen von Karel Hruška und einem Vorwort des Übersetzers, aus dem Tschechischen von Kamill Eben,
ISBN 80-85938-64-2, DM 24,80/öS 184,-/sFr 24,80

Nezval, Vítězslav: **EDISON.**
Eine Nachdichtung in deutscher Sprache von Lutz-Erdmut Adolf, 80 Seiten, 21 x 13 cm, gebunden, zweisprachige Ausgabe: deutsch u. tschechisch,
ISBN 3-934774-92-X, DM 24,80/öS 184,-/sFr 24,80

Pleticha, Heinrich: **Wanderer, kommst du nach Prag**
240 Seiten, 21 x 13 cm, gebunden mit farbigen Bildtafeln von V. Jansa, ISBN 3-934774-41-5, DM 34,80/öS 254,-/sFr 34,80

Rokyta, Hugo: **Die Böhmischen Länder - Böhmen.**
Zweite, erweiterte Ausgabe, 352 Seiten, 24 x 17 cm, gebunden, mit Schutzumschlag, mit einem Vorwort von Ludwig Scharinger, ISBN 80-85938-23-5, DM 59,-/öS 439,-/sFr 59,-

Rokyta, Hugo: **Die Böhmischen Länder - Prag.**
Dritte, stark erweiterte und überarbeitete Auflage, 384 Seiten, 24 x 17 cm, gebunden, mit Schutzumschlag, mit einem Vorwort von Michael Häupl und einem Geleitwort von Rudolf Kirchschläger, ISBN 80-85938-28-6, DM 59,-/öS 439,-/sFr 59,-

Salfellner, Harald (Hg.): **Deutsche Erzählungen aus Böhmen.**
168 Seiten, 21 x 13 cm, gebunden, mit 8 Farbveduten, mit einem Vorwort des Herausgebers,
ISBN 80-85938-51-0, DM 24,80/öS 184,-/sFr 24,80

Salfellner, Harald (Hg.): **Deutsche Erzählungen aus Mähren.**
176 Seiten, 21 x 13 cm, gebunden, mit 8 Farbveduten, mit einem Vorwort des Herausgebers,
ISBN 80-7253-004-6, DM 19,80/öS 145,-/sFr 19,80

Salfellner, Harald: **Franz Kafka und Prag.**
Vierte, stark erweiterte und überarbeitete Ausgabe, 208 Seiten, 21 x 13 cm, gebunden, mit 120 Abbildungen, mit einem Orientierungsplan im Vorsatz, mit einem Vorwort von Hugo Rokyta, ISBN 3-934774-10-5, DM 24,80/öS 184,-/sFr 24,80

Salfellner, Harald: **Mozart und Prag.**
276 Seiten, 21 x 13 cm, geb. mit zahlreichen Abb., umfangr. Registerteil und einem Orientierungsplan im Vorsatz, Schutzumschlag, ISBN 3-934774-05-9, DM 34,80/öS 254,-/sFr 34,80

Schuh, Berthold: **Das Fenster einen Spalt breit geöffnet.**
Eine Auswahl tschechischer Gedichte in deutschen Übertragungen von der Romantik bis zur Gegenwart, 148 Seiten, 21 x 13 cm, gebunden, mit farbigen Abb.,
ISBN 3-934774-06-7, DM 29,80/öS 219,-/sFr 29,80

Vrchlický, Jaroslav: **Von weiten Wegen.**
Gedichte, 56 Seiten, 21 x 13 cm, gebunden, mit farbigen Abb., einem Vorsatz sowie einem Vorwort von Otto Pick,
ISBN 3-934774-07-5, DM 24,80/öS 184,-/sFr 24,80

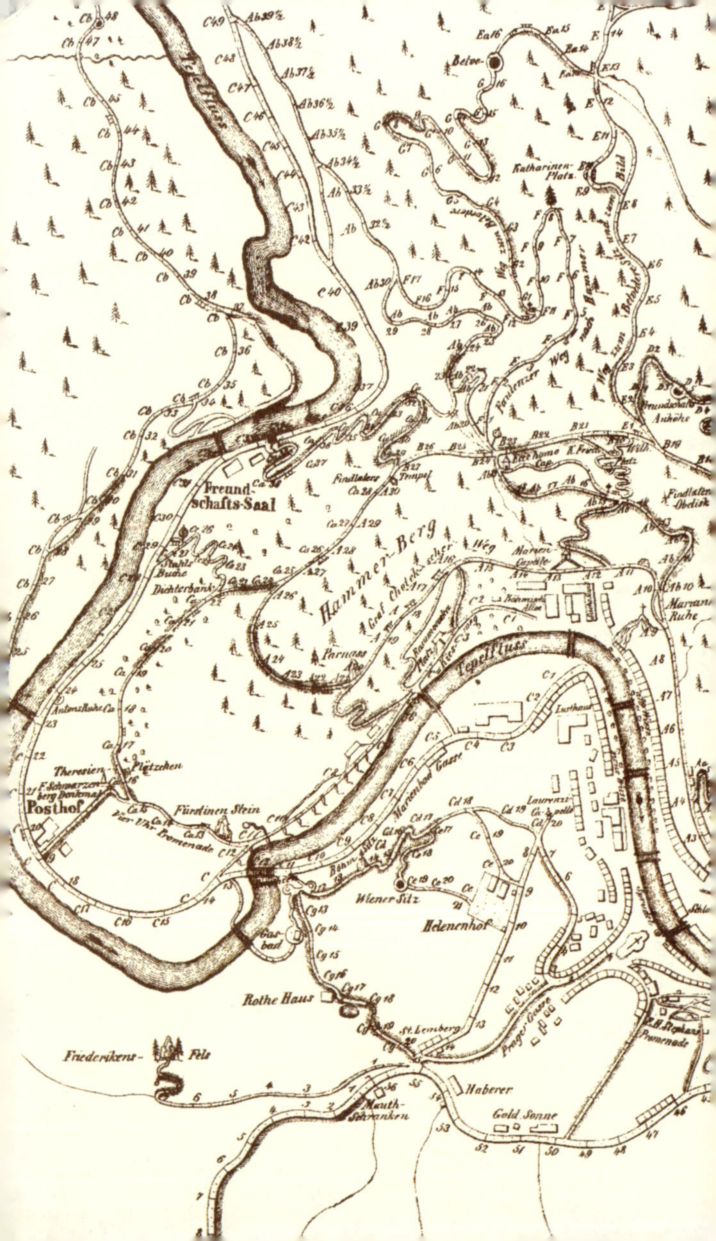
Tepelfluss
Freund-schafts-Saal
Hammer Berg
Graf Chotek'scher Weg
Findlaters Tempel
Parnass
Dichterbank
Antons Ruhe
Theresien-Plätzchen
F. Schwarzenberg Denkmal
Posthof
Fürstinen Stein
Vier Uhr Promenade
Marien Capelle
Böhmische Allee
Lusthaus
Marienbad Gasse
Wiener Sitz
Helenenhof
Gasbad
Rothe Haus
St. Lemberg
Friederikens-Fels
Mauth-Schranken
Haberer
Gold. Sonne
Prager Gasse
Katharinen-Platz
Findlaters Obelisk
Fauleitzer Weg